仮面の下のS.O.S

あなた苦しくないですか?

みきゆき
Yuki Miki

文芸社

目　次

プロローグ

表紙カバーの人物は長女である。今でこそこうして笑って写っているが、もしあのとき、私が殺めていたら娘はもうこの世にいなかったであろうし、この笑顔も見ることはできなかった。彼女には、悲惨な幼少期・児童期を味わわせてしまった。しかし、命を絶つことだけはしなかった。それだけはしなかった。だから、今がある。

この話は、私にとって人生最大の恥さらしであることは間違いない。しかも、私に関わる人たちを巻き込んでまでの大掛かりな恥さらしだ。私が何も言わなければ誰も何も知らずに終わる。しかし、恥をさらしてでも、周りを巻き込んででも、どうしても言わずにはいられないことがあった。

もちろん、私の発信力など、大海の一滴にも値しないことは百も承知だが、それでも、ここで、私が過去に味わったあの苦しい日々が、今どこかで、悩み苦しんでいるママをほんの一瞬でも楽にできる可能性があるのなら、喜んでカミングアウトしようとペンを執る決心をした。

私の育児体験は、孤独と不安に満ち溢れていた。頼れる実家はない、お金もない、夫は家庭を顧みない、とないないない尽くしで、協力者は皆無、貧乏がゆえの狭い部屋。その狭い部屋で子どもたち三人は朝から晩まで騒ぎまくり、四六時中飛んだり跳ねたりして片時もじっとしていない。家中散らかり放題、洗濯物はたまり放題、紙オムツはゴミ箱に山盛り、テーブルの上も流し台も食べたあとと飲んだあとの食器が氾濫状態、扉のガラスは割れて隙間風がヒューヒュー吹いてくる、風呂場も玄関も窓も結露が発生するところは全てカビだらけ、壁もふすまもドアも落書きだらけ……。

どこを見渡してもぐちゃぐちゃで、このままいけば間違いなくゴミ屋敷と化しそうな、この窒息しそうな背景が否応なしに視界に飛び込んでくる。それに加えて、一日中垂れ流しでつけているビデオの騒音に、百円ショップで買った笛や太鼓やラッパの音がＭＡＸでキンキン耳をつんざき、あっちでは喧嘩をしてやられた方が大声で泣き、こっちでは末っ子がどこかに頭をぶつけたと言っては泣き叫んでいる。こんな状態が一息つく間もなく毎日毎日続くのである。何ヶ月も、何年も……。

たった一人でこのモンスターどもとの格闘。こんな環境下で、どうやって子育てを楽しめようか……。ただただ、生気を吸い取られていくだけの日々だった。

専業主婦で子育てをすることなんて自分には向いていなかったと、あとから気付いても、子どもをお腹の中に戻すわけにもいかず、この生活はなかったことにとリセットすることもできず、受け入れるしかないのである。

しかし、それは私にとってあまりにも絶望的だった。どうあがいても片付かない部屋と、そんなことにお構いなしでやりたい放題にますます散らかす子どもたちを眺め、もはや脱力感のみ。力尽きて一日中何もできず、ただ泣いて終わっただけの日もあれば、うるさい子どもに腹を立て、母親であることなどとっくに忘れて、半狂乱になって子どもを怒鳴り散らし、殴り、蹴りを入れたこともあった。醜い姿とわかってはいても、この感情は理性や母性本能たるものでは、到底抑えきれるものではなかった。が、しばらくすると今度は暴力を振るった自分にもう一人の自分が「それでも母親か！」と叱責して、また涙が止まらなくなる。

孤独ゆえの鬱、鬱ゆえの負のスパイラル、負のスパイラルゆえのストレス、ストレスゆえの虐待、虐待のあとの自虐。そして、また鬱、鬱ゆえの……と、このサイクルが何度となく繰り返され、苦しくて苦しくて疲れ果てたあげく、精神状態はボロボロ、感情のコントロールが全くできず、どんどん自分を見失っていった。そして、その犠牲となったのが他ならぬ長女であった。

虐待が潜む環境

「お願い！　もうやめて！　それ以上聞きたくない!!」

そう叫んで、私はテレビの電源を切った。そう言えば、同じような事件を昨日も耳にしたような気がする。その前も、そのずっと前も、来る日も来る日も似かよった事件がニュース番組から流れてくる。

『児童虐待』

わが県でも、新聞によれば虐待件数は年々増加の一途をたどっている。何とも痛ましい事件が日々繰り返される中で、それを他人事として聞き流すことが、どうしてもできない理由が私にはある。

なぜなら、私自身ももしかしたら過去に犯罪者になっていたかもしれない可能性が十分にあったからだ。一瞬の突発的な感情で幼いわが子の命を絶ち、後悔してもしきれない残りの人生を、死ぬまで涙で送ったかもしれない可能性が十二分にあったからだ。

確かに、親の犠牲となって心身共に傷を負ったり、最悪の場合、命を落としてしまったりした子どもに対しては、どれほどの恐怖心と苦しみを味わいながら最期を迎えたのだろうかと想像しただけで、あまりに可哀想で言葉も出ない。子どもには、計り知れない可能性や将来の夢や楽しみがある。それらを、全て奪い取ってしまうわけだから……。

親だからといって子どもの将来を奪う権利などどこにもない。自分たち両親が命を創り、この世に生み出しておいて、たった数年であの世に送り、リセット完了⁉　惨すぎる。恐らく世間の人は、そういう親のことを冷血人間と呼び、「わが子を殺してしまうなんて、そんな奴の気が知れない！　人間じゃない！」と怒りさえも覚えるのだろう。

もちろん、私だってそんな親を目の当たりにしたら、一発ビンタをお見舞いし、「甘ったれるのもいい加減にしろ！　殺された子どもの立場になってみろ。たとえどんな理由があろうとも、わが子の命を親の手で絶つなど絶対に許されることじゃない」と怒鳴ってやりたい。「殺すくらいなら最初から産むな！」と叫んでやりたい。が……

それと同時に、

「大変だったね。辛かったね。疲れ果てて、もう十分苦しんだんだよね」

とも言ってあげたいのが私の本心である。

育児、それは私にとってまさに地獄だった。いつ終わるとも知れぬゴールの見えない日々。長い長い暗闇のトンネルをどこまでもどこまでも、走っても走っても抜けられず、後戻りもできない、そう、生き地獄そのものだった。可愛いはずの自分の子どもがなぜか憎くて仕方なかった。わが子に愛情をかけられない自分を自虐し、ただただ苦しくて辛くて悲しくて、孤独で不安で、今思い出しても涙が出るほど、苦い思い出である。

だから私は、子どもに手をあげたり、それがエスカレートして殺してしまったりする親の気持ちが本気でよくわかる。間違いなく、親も苦しんでいるのだ。健康な精神状態ではないということだ。そして、これからもますます虐待する親とされる子どもが増えていくのかと思うと、身を切られるような恐怖を覚える。加害者となる親、犠牲となる子ども、こうなってしまう前に、「そうならずにすんだ！」と言えたならどんなにいいだろう。

『児童虐待』と一口に言っても、その内容はネグレクト（育児放棄）を始め、言葉の暴力や子どもの言動を無視する、あるいは性的虐待などいろいろあるが、第三者から見ても一番わかりやすいのが、暴力やせっかんである。また、「誰に虐待されるか？」については、両親であったり、母親の恋人であったり、父親単独であったりなど、これもいろいろあるが、子どもにとって一番辛いのは、やはり自分を産んでくれた母親からの虐待ではないだろうか。一番甘えてもいい存在、本来ならば何よりも大切に守ってくれて無条件で愛してくれるはずの母親なのに……。

しかし私の知る限り、どんなに虐待されてもその子どもは「誰よりもお母さんが好き！お母さんにどんなことをされても、誰が何と言おうと、お母さんが大好き！」らしい。それをわかっていながら、母親はどうしても虐待を止められない、あまりにも皮肉な母子の関係。

私もかつて身に覚えがある。どんなに娘に冷たくしても、どんなに娘に暴力を振るっても、彼女は、いつも私の目の色を窺っては、何とかして自分を認めてもらおうと必死だった。そして、いつも私のことを一番に想ってくれていた。それなのに、私は幼い彼女を殴ったり、蹴ったり、無視したりして、いじめ続けた……。あともう一歩のところで、殺人事件になったかもしれなかった。だから、毎日の事件がどの事件も自分と重なり、自分の過去を思い出しては、また、あのときの地獄の日々が蘇り「もう聞きたくない！」となるのである。

実際の調査でも、実父の次に実の母親がわが子を虐待する件数が多いとされる。健全な心を持った普通の母親ならお金を積まれて頼まれてもできないような、数々の悲惨な仕打ちを強行し、日常的にわが子に苦痛を味わわせてしまっている。

では、その母親が、かけがえのない自分の子どもを、誰に頼まれたわけでもなく自分の意思で、自分のお腹を痛めてこの世に生み出した可愛いはずのわが子を、なぜ虐待してしまうのか？　それについて私自身の経験を振り返りながら、実の母親がわが子を虐待してしまうことに焦点を当てて考えてみたいと思う。

誰だって、わが子を虐待目的で産むはずはない。どんな風に育てようか、どうやって大きくしようかと、不安もあるが、それとは比べものにならないほどの愛情で、わが子を抱きしめたはずだ。しかし、育てているうちに何かが狂い始め、「こんなはずじゃなかった」と誤算続きの毎日にストレスは募る一方、それでも必死に育児に奮闘するものの、結局そのストレスのはけ口はわが子に……。それも日常的になってしまうと、最後に行き着くところは現実逃避。『二〇一〇年七月、大阪の二幼児放置死事件』（大阪市西区のマンションで二児の遺体が発見され、二十三歳の母親が死体遺棄と殺人の容疑で逮捕された）が、その典型的な例ではなかろうか。

そして、理想はあるのに理想通りの育児ができずに悩んでいたり、周りに助けてくれる人がいなくてたった一人で真摯に育児と向き合ってはいるが、上手くいかずに疲れ果てているママたち、そんなママたちにまず言いたい。

「見よ、私の地獄の育児を！　苦しんでいるのはあなただけじゃない。一人で孤独になるのはもうやめて、あなたと同じ苦しみを味わっている人が沢山いることを知って欲しい。そう、あなたには仲間がいる。自分だけじゃないとわかれば、少しは楽になれるでしょ？」

本来、子育てとは大なり小なり大変なものである。常に子どもが第一優先の生活になるため、母親は自分の時間をほとんど持つことができなくなる。当然ストレスはたまるし、それが長期化すると自分を見失いそうにもなる。

しかし、そんなとき、自分以外の誰かの存在があれば、また変わってくる。まず、一番身近な存在として夫。この夫がどれくらい育児に協力してくれるかどうか、ここが大きな分かれ道である。その協力度によって、母親の日々の疲労度やストレス度がかなり違ってくるだろう。

また、夫でなくとも、自分自身の親、あるいは姉妹など、進んで育児に協力してくれる存在、そういう人たちに囲まれながらの育児なら、「楽しい子育て」ができるはずだ。わが子の成長を、周りの大勢の大人が一緒になって微笑ましく見守ってくれるのだから。

母親には時間的にも精神的にも余裕ができる。余裕ができるということは、おしゃれして出かけることだって可能だし、ママさんタレントのように自分の育児の様子をブログにアップして楽しむことだってできる。

また、子どもだって、周りの大人たちが一斉に自分だけに注目してくれるのだから、天下を取ったも同然。そんな環境下で溢れんばかりの愛情を感じながら十分に満たされて育つ。こういう図式が子育ての一番の理想形だと思う。そして、大方の母子たちはこの図式に当てはまるだろう。

しかし、ほんの少数だけかもしれないが、もし子育てに協力してくれる人が誰一人いなかったとしたら……？　子どもの様子がおかしくても、それを相談する人がいなかったとしたら……？　一日でいいから、ゆっくりお風呂に入ってゆっくり眠りたい、という普通のことが何日も何ヶ月もできなかったとしたら……？　ほんの一瞬でいいから子ども抜きで自分の時間が欲しいと望んでも、その一瞬も叶わなかったとしたら……？　これらは全て私が経験したことだ。こういうことがずっと続くと、私でなくても誰であっても、時間と共に自分自身の中枢が狂っていったに違いない。

ただ、私が何度も言う「たった一人」というのは、何もシングルマザーで経済的にも精神的にも誰の援助もなく、という意味のたった一人ではない。ちゃんと家族はいる。夫はもちろんのこと、その夫の両親と同居していれば、みんなで子育てをするには十分な人数である。実際、私はこれに当てはまっていた。そして、その「みんな」――つまり夫や夫の両親が、どのように子育てに関わってくれたか？　ここが非常に大きなポイントになる。上手く関わってくれていれば、それはありがたい存在であったし、今、私がこうしてペンを走らせることもなかったはずだ。

しかし、いつも私は、たった一人だった。一人で悩み、泣き、苦しみ、怒り狂い、鬱になり、あげくにメンタルクリニックをハシゴした。孤独と不安の中で、子どもを殺して自分も死のう、と思ったことなど一度や二度ではない。今、当時のことを振り返っても涙が止まらないほど、本当に辛かった。

特に夫は、育児というものからひたすら逃げ回っていた。どんなに協力を求めても、どんなに苦しみを訴えても、育児に向き合ってくれなければ、私の大変さもわかってもらえるはずもなく、経済的なこと以外は、何もかも全て子どものことは私一人で解決するしかなかった。家族がいてもシングルマザーと変わらないというわけだ。

もちろん、シングルマザーはこのうえ経済面まで自分自身に覆いかぶさってくるわけだから、私の想像をはるかに超える世界であろうとお察しする。それでも、立派に子どもを育て上げたママたちには感服の限りだ。私には真似できない。お手上げである。


また、育児には『ひと段落ついた』という段階があるように、毎日が戦争のように慌ただしい時期は、だいたい子どもが幼稚園に通い出すまでの三歳頃までで、専業主婦の場合ほとんどの母親が、子どもの入園を機にやっと自由な時間ができたと実感する。とはいえ、一人っ子ならその時期は本当にあっという間にやってくるのだが、まだ下に一人二人と乳幼児がいたら『ひと段落ついた』と言えるまでにかなりの時間を要するのも事実だ。

しかし、それでも子どもに手がかかり日々イライラし育児に翻弄される時期というのも、ほとんどの場合、時間が解決してくれる。母親が一時期、感情的に子どもにガミガミ怒鳴ったりしたことも、いつしか笑い話となっているのが一般的であろう。
だが、そうして笑い話ではすまされなかった母親、私のように『普通の子育て』というレールから脱線してしまい、『普通の母親』にはなれなかった母親も実際いるはずだ。きっと、誰も知らないところで数え切れないほど泣き、自分が嫌になり、疲れ、力尽き、途方にくれたであろうママたち。そんなママたちに、私からの労いの言葉を心から伝えたいと思う。

私の悪い癖で、つい気になって視線が勝手に追ってしまうのだが、スーパーで買い物をしていて、時々見かける光景に不安を覚える。人目をはばからず、四、五歳くらいの子どもを感情をむき出しに大声で怒鳴りつけ、勢いに任せてその子の頭を殴りつけている母親。子どもは欲しいお菓子を握りしめ泣きわめいている。その泣き声を上回るキンキン声で叫んだかと思うと、スタスタと足早にレジへ行き会計をすませ、商品をさっさと袋に詰め、とっとと店を出る。当然、子どもはお菓子を放り投げて、泣きながら母親を走って追っかける。まるで昔の自分を見ているようで何とも身の縮む思いがするが、気になるのは、そのあとだ。

その母子が自宅に帰って部屋に入ると、もうそこは密室だ。そこで母親は「どうしてママの言うことが聞けないの？」と、さっきの続きをますますエスカレートさせて、力任せにわが子を殴ったり蹴ったり……。子どもにとっては、まさに拷問部屋になってはいないだろうか？　かつて自分がそうであったように……と、心配せずにはいられない。

日々のこういうことから始まり、だんだん子どもに手をあげることに麻痺して日常化し、そのあげる手も最初は素手であったのが、物を使うようになる。それも初めはティッシュペーパーの箱であったのが、スリッパになり、最後ははさみを振り上げていたのが私である。今、思い起こしても本当に怖くてぞっとする。

「なぜそうなってしまったのか？」の理由は、子どもに暴力を振るう私に誰もブレーキをかけてくれる人がいなかったからだ。そばに、私を叱ってくれる人も助けてくれる人もいなかったからだ。

新聞によると、大阪の二幼児放置死事件の母親も「誰も助けてくれなかった」ことが原因で孤立、現実逃避とある。何度か子ども二人の育児を元夫や父親に頼むも断られた結果の最悪なケースだった。また、彼女自身も幼少期のネグレクトや中学時代の性的暴行の被害者という過去があり、もうこれだけでも彼女だけを責めることはできない。一度はSOSを発信しているのに、誰も受信してくれなかったという彼女の置かれた環境によって、起こるべくして起こした事件なのかもしれない。私の場合、彼女ほど酷くはないが、やはり頼れる存在がなかったという共通点はある。

ここで、私の育った環境と家族関係について話しておきたい。私は両親と兄と祖父母との六人家族だった。母は、長男の嫁として妻として私たちの母親として、非の打ちどころのない良くできた女性だったが、私が中学校に入学した三週間後に病気で他界した。

まだ十二歳だった私は、それまでさんざん母に甘やかされていたものだから、中学生になっても一人では何一つできなかった。学校もほぼ毎日遅刻、何かしらいつも忘れ物をして、制服を洗濯するという概念がないものだから、もしかしたら、におっていたかもしれない。初潮を迎えたのも母が亡くなってからだったので、生理用品の使い方すらわからず、困り果てた記憶もある。とにかく、何も知らず何もできない自分が情けないのと、母に会いたいという叶わぬ願いを誰にも言えなくて毎日毎日泣いて過ごし、人間は泣きすぎると本当に涙が涸れて出てこなくなる、という体験をした。

祖父は、母が亡くなる三年前、既に他界していたので、祖母と父と兄との四人家族となったのだが、明治生まれの祖母の作る料理は、母のそれとは比べようもないほど酷くて、明らかに腐りかけている食材でも平気で食べろと出してくるのだ。もちろん、そんなおかずには手を付けず、ご飯にふりかけというのが私のいつもの夕飯だった。だが、祖母は自分の作る料理を孫が食べてくれないと、息子である私の父に泣きつく毎日。また、誰も掃除をしないから、私たちの住みかは父の言葉を借りれば『ブタ箱』と化していく始末。仕事から帰れば、そのブタ箱の中で自分の母親から延々と愚痴を聞かされ、泣きつかれという日々に、父はとうとう限界が来て、普通の日常生活を取り戻したいと、お見合いをして再婚することになった。私は、母以外の人を「お母さん」と呼ぶつもりはないと大反対したものの、敗北に終わった。

その後、私が十六歳のとき異母兄弟となる弟が生まれ、私の隣の部屋では、父は既に新しい家庭を作り、私はただの同居人状態となった。当時、兄は既に県外の大学に在学していたが、兄とは子どものときから喧嘩ばかりしていて、その延長で兄妹とは思えないほどの疎遠状態を現在も続行中だ。

そして忘れもしない。所持金二万円だけをジーパンのポケットに突っ込み、私は二十一歳で家出をした。知人宅に居候させてもらいながら日中は仕事に行き、夜はその知人の飲食店を手伝っていた。そこで常連客だった夫と知り合い、二年の交際を経て結婚した。

私が嫁いだ翌年、父は再婚生活十年にしてピリオドを打ち、義母は弟を連れて出て行った。結局、祖母と父の二人だけとなり、一人息子を溺愛していた祖母は大いに喜び、親子水入らずの二人だけの生活を送れて幸せだったようだ。

私にとって、祖母のイメージは強烈そのもので、朝晩仏壇を熱心に拝む信仰心はあるのに、欲深くていつも威張っていて、朝から晩まで人の悪口と不平不満を口にしているような人だった。金への執着心は桁外れで、贅沢はもとより金のかかることを嫌い、ひたすら金を貯めることが生きがいだった。確かに、無職で道楽者の祖父を尻目に、祖母一人で無一文からかなりの財を不動産で築きあげたが、その分普段の生活はケチってばかり。そのケチぶりは、衣食住全てに反映され、レジャーや旅行は金の無駄、女に学歴は不要だと大学進学など論外だった。

母の死後、生活の面倒を見てくれたことには感謝しているが、そもそも母が病気になったのも祖母の姑としての威圧が原因で、そのストレスから胃潰瘍、胃癌、そして大腸小腸にまで癌が転移し、苦しみぬいて死んでいったのだ。母は、二十歳でこの家に嫁ぎ、文字通り命がけで義父母と夫に尽くし子どもたちを育てた。私に言わせれば、祖母がもっと優しいおばあちゃんだったら、あるいは日に日にやせ衰えていく母を、もっと早い段階で無理やりにでも父が病院に連れて行っていれば、母は死ななくてすんだ、と今でもそう思う。

さらに、この祖母のダブルバインドにはことごとく振り回された。日頃は、私を「早くに母を亡くした可哀想な子」だと不憫がるくせに、暇つぶしにあちこち電話をかけては、「孫は洗濯も料理も何一つできない困った子だ」と嘆いている。「お前は、可愛い孫じゃ」と言うくせに、私が気に入らないことをしたら、「お前なんかよりも息子の方が大切だ。この家は私たち（祖母と父）の家じゃ。頼むからもう出て行ってくれ」と涙ながらに土下座されたこともあった。孫相手に、思ったままの感情をストレートにぶつけてくる。これにはかなり傷つけられたが、悲しいかな、この私の感情コントロールが苦手な理由には、血筋の影響も大いにあったのかもしれない。

そんな風に私が傷ついていたことなど露ほども知らぬまま、祖母は肺気腫を患い入院、ほどなくして認知症、老衰で他界して既に十一年が経つ。こうして私は、普通の家庭では味わわないような病的な血縁関係の中で、思春期、思秋期を送ったのだ。

私がかつて住んでいた家は、確かに今も存在している。しかも、この家から自転車でわずか十五分の距離にも関わらず、それはただ存在しているだけであって、そこに私の居場所はない。父は、私が嫁いでから一度も「孫を連れて遊びに来い」と言ったことはない。

普通のおじいちゃんなら、孫の喜ぶ顔みたさに、一緒に遊んでやったりおもちゃを買い与えたりすると思うのだが、いかんせん父にはそのような概念はないらしい。娘や孫の日常生活になど、まるで興味を示さず、悠々自適な一人暮らしを堪能している。時折、金銭的な配慮を私達に向けることはあったが、孫への愛情は感じられなかった。

それどころか、普通の家庭ではあり得ない出来事を私は何度も経験した。長女が生後七ヶ月のとき、風邪をひき高熱を出してぐずるので、夜通しずっと抱っこして看病したことがある。しかも、なかなか熱がひかず、何日も徹夜の看病が続き、やっとのことで熱が下がったのは一週間後くらいだったと思う。薬が切れたので、薬をもらいに病院に行ったのだが、帰り道でつい甘えが出て、その足で実家に転がり込んでしまった。そして、あまりの睡眠不足と疲れで居間に倒れ込み、長女を自分の脇に座らせたままほんの少しだけと思い、うとうとしていた。すると五分も経たないうちに娘は泣き出した。だが、起き上がる気力もなくそのまま放っておいたら、ますます声を張り上げて泣きわめくではないか。そうなると今度は、その泣き声がうるさかったのだろう、父が部屋から出てきて、

「お前それでも母親か！　子どもが横でワーワー泣いとるのに、そんなところでゴロゴロ寝やがって！　何やっとんじゃ、とっとと子どもを連れて帰れ！」

と追い出された。母の他界以降、血縁者との関係が希薄になっており、そのうえこの仕打ちだ。そのとき私は決心した。『私に実家はない』と。孫が泣き出したら抱いてあやしてくれても良さそうなものなのに、うるさいから出て行けと言われるのだ。義理の親とか他人ならまだしも、実の父親だからこその辛さや情けなさが私を疎外感に浸らせた。

また、父の口癖はいつも「お前を殺してワシも死ぬ」だった。私が学生のときも社会人になってからも、普段は挨拶も会話もないのに、怒るときだけは大いに関わってきて、気性の荒い父はすぐに手を出してきた。

私も大人しく従わずに反抗していたこともあり、容赦なく殴ってくるからこちらも身の危険を感じて逃げるが、追いかけて来てまた殴られる。掛けていた眼鏡は吹っ飛び、レンズは音を立てて割れる。目の横には痛々しい内出血の痕ができている。そんな凄まじい格闘から私は何度も逃げた。命の危険すら感じるので、逃げるときは靴など履く暇はなく、いつも裸足で家を飛び出していた。

とにかく、私は父によく殴られた。

「お前は口で言ってもわからんのじゃ！　口でわからん奴は家畜と一緒じゃ！　家畜は殴らんとわからんのじゃ！　だからお前も殴って言うことを聞かせてやるんじゃ！」

と言っては殴られ、

「ワシはお前の親じゃ、親は子どもが言うことを聞かんかったら、自分の子どもやから殺してもええんじゃ！　それで殺人罪で死刑になるならワシは喜んで死んでやるワイ！」

と言っては殴られ、

「お前の言うとることが間違っとるか、ワシの言うことが合っとるか（どっちも一緒じゃん）、世間の皆に聞いて統計とってみろ！」

と言っては殴られた。

断っておくが、父は酒が全く飲めない。酔っぱらってわけがわからずにやっているのではなく、父には父なりの信念があり、「女とはこうあるべき」という自分勝手な理想を私に押し付けていたのだ。それは、自分が愛した妻の影を私に重ねるものだったが、似ても似つかない娘が歯がゆくて仕方なかったようだ。

ちなみに母は、この獰猛な野獣のような男をただの一度として怒らせたことはなかった……ただの一度も。どれほど、母が自分を押し殺し、父に服従していたかが明らかである。そんな母の影を重ねられたおかげで、私は育児中、母を理想として、真似ようとしても母のようにはなれない自分を何度も情けないと責めて、自虐に苦しむことにもなったのだ。

そういうわけで私は、十二歳で母を失ってからというもの、それまで母からの溢れんばかりの愛情を受けて育ってきたが、ろくに子どもとの接触がなかった父親からしつけという名の暴力、つまり虐待の洗礼をほぼ毎日のように受ける羽目になった。しかも、再婚した義母はもちろんのこと、祖母も、それを知っていて助けに入ってくれたことは一度としてなかった。

従って、家庭内に暴力ありきという組織図が成立してしまったのだ。父は、一方的に弱肉強食のルールを押し付け、親なら子どもに何をしても良い、気に入らなければ抹殺しても構わない、それが親の特権というものだ、などと浅はかな考えを恥ずかしげもなく正論だと言い張った。要は、お山の大将になって威張り散らして、自画自賛したいだけなのだ。

大将はそれで良いかもしれないが、それに付き合わされた者は、受けた虐待の味を身体で覚えていて決して忘れることはない。しかも、それが父親だけに、物凄い迫力で力も強い。私の微力な抵抗などものともせず男の手でねじ伏せて、殴る蹴るの暴行、上から覆いかぶさってきて首を絞められたこともあった。そのときの言いようもない辱め、無力さ、惨めさ、情けなさ、そういった感情は、味わった者にしかわからない。

そして厄介なことに、被害者の側も条件が整えば弱肉強食の世界で受けたその味をそのままそっくり、今度は自分より弱いものへ伝授することになるのだ。普段は過去の記憶として眠っているはずの感情が、何かのきっかけで突発的に飛び出してきて、無意識のうちに、「私だってこんな風にされたんだから……」と、自分がされたことを今度は自分がしてしまう。その潜在意識が、もしかしたら私が十二年もの間、長女への虐待で苦しみ抜いた所以なのかもしれない。

しかし、私が暴力を受けたのは父親からで、年齢は十二歳以降だ。だが、長女は実の母親である私から、まだ一歳にも満たないときから暴力を受けて育った。この違いはかなりの開きがある。また、一般的な虐待の被害者も大半は乳幼児から児童である。

私のように、十二歳ともなれば、まず身の危険を感じたら逃げることができる。逃げることができれば最小限の被害ですみ、運が良ければ一発も殴られずにすんだという日も多々あった。だが、乳幼児や児童は違う。どんなに怖くてもどんなに痛くてもどんなに辛くても、甘んじてそれを受ける以外、選択肢がないのだ。そのため、いとも簡単に殺人事件にまで発展してしまい、取り返しの付かない結末となってしまう。

また、この関係は、親から子、その子から今度は自分の子へと連鎖され続くことが多いと聞く。父の場合も私の場合も、子どもへの虐待を止める人が、そばに誰もいなかった。それならば、虐待をしてしまう張本人がどこかで気付き、何としても今の自分と決別し、暴力を断ち切る覚悟を持たねばならないのだ。

自分に甘えがあるから、感情を抑えきれずに暴力を振るってしまう。だが、感情のコントロールさえきちんとできるようになれば、暴力の出る幕はない。しかし、感情のコントロールができなくなる環境下にいるからこそ、虐待が発生するのだ。

育児は地獄

私には、現在二十三歳の長女、十八歳の長男、十七歳の次女がいる。なかでも、私にとって一番辛かったのが長女の子育てだった。長女に対しては、本当に酷い母親だった。もし、この世にタイムマシンがあるなら、それに乗って長女の幼い頃に戻り、彼女を思い切り抱きしめて、「ごめんね」を百万回言っても言い足りないくらいだ。あの小さな身体で、よくも私のあの虐待に耐えてくれたものだ。何度思い返しても、申し訳ないことをしたと涙が出る。本当に酷い子育てだった。

私は、まともに長女を愛してあげられなかった。可愛いはずのわが子なのに、長女だけはどうしても愛情をかけてあげられなかった。それが、地獄の始まりだった。なぜ愛情を与えることができないのか、なぜときには殺意さえ抱いてしまうのか、なぜ私は普通の母親になれないのか、この得体の知れない非情なまでの冷淡さは、何が理由でどこから来るのか……どんなに考えてもどんなに悩んでも答えは見つからなかった。

長女を出産したのは、私が二十五歳のときだった。出産予定日になっても陣痛の気配は全くなく、それからもずっと陣痛は来ず、その二週間後、朝から入院して陣痛促進剤を投与し人工的に陣痛を起こさせて産ませる、という方法での出産だった。初めてのお産ということもあり、喜びより正直怖さの方が勝っていた。

朝から陣痛促進剤を投与していくと、あれよあれよという間にどんどん陣痛が強くなっていき、味わったことのない激痛を六時間耐えた末に、長女をこの世に送り出した。その夜のことは、二十三年経った今でもはっきりと覚えている。産んだ直後、看護師さんに抱っこされて、綺麗に身体を洗ってもらい産着を着せられた娘が、まだ私が仰向けになっている分娩台の横にやって来た。五体満足で生まれた姿を見せてもらう。顔も一瞬だけ見せてもらえた。

その数時間後、病室のベッドに入ってからも、つい先ほど自分の身体で初めて味わった何ともこの神秘的な体験に興奮し感動し、嬉しくて嬉しくて涙がとめどなく流れ、一睡もできず、一晩中嬉し泣きをして夜を明かした。まるでダイヤモンドのようにキラキラ輝く宝物を、汚れなき可憐な天使を、そっとそっと包んで「大切に大切に育てよう」と決心すると同時に、ただただありがとう、生まれてきてくれてありがとう、本当にありがとう、と、わが子に感謝せずにはいられなかった。もちろん、自分の人生でこれほど神様に感謝したのも初めてだった。

初めて長女を抱っこしたのは、最初の授乳のときだった。手渡してくれる看護師さんの両手から、落とさないようにとガチガチに緊張しながらそっと受け取り、すやすや眠っている長女の顔を穴が開くほど見つめて「初めまして私の天使」と呟いて、そっとほっぺにキスした。抱っこした両手からは、まさに生まれたての赤ちゃんの温もりがひしひしと伝わってくる。何とも言えない甘くて無垢な匂いが漂ってくる。もうこのまま連れて帰りたい、早く二人っきりになりたい、一日中ずっとこうして抱っこしていたい、というおまけごと感覚に溺れている一方で、これからの成長に伴う大きな責任という文字が頭の中をよぎったりもした。

入院中も、赤ちゃんにとって最高の栄養分といわれる初乳を一滴でも多く飲ませたい一心で、一日三時間おきの授乳のあとも、自分のお乳を搾乳して哺乳瓶に初乳を絞り込んでおき、次の授乳用に保管しておいてもらう、という作業を必死にやっていた。

悲しいことに、私は母乳の出が悪く、絞っても絞ってもなかなか皆のようには出なかったが、毎回汗だくになってフラフラになるまで搾乳をして、長女のために初乳をためておいた。哺乳瓶に搾乳した初乳は、冷蔵庫に保管してもらうため看護師さんに渡すのだが、最初は数人いたはずの授乳室も、気が付くと毎回私が最後の一人だった。可愛いわが子のために、最高の栄養分を最後の一滴まで絞り出して飲ませてあげたい、そう願った結果の情景だった。そんな溢れんばかりの愛情を娘に注ぎながら、看護師さんからは新生児の授乳とゲップの出し方、オムツの交換、お風呂の入れ方、などのノウハウを教わり、一週間後に病院をあとにした。

家に帰ると、ベビーベッドを始め、ベビー用品一式セット全て完璧に私が用意してから出て行った、そのままの部屋が出迎えてくれた。

本来なら、赤ちゃんを連れてまず真っ先に足を踏み入れるのは実家ではないだろうか。出産という一大事を成し遂げて帰ってくるのだから、待っていた家族は、その身体を張っての大仕事を労ってもくれるだろうし、産後の肥立ちを心配して十分な休息も与えてくれるであろうし、まさに至れり尽くせりの環境があるらしい。

しかし、私にはそんなものは皆無だ。自分の産後の肥立ちの心配などしている場合ではない。しかも、この家に帰ってくるまでにも、義母が仕事を休んでまで「初孫を大勢にお披露目したい」という切望に気持ちよく応えて、退院時あれほど、師長さんに「くれぐれも新生児は外気に触れさせないように、自宅に直行すること」と念を押されたにもかかわらず、義母の職場に直行した。そこで、長女を抱っこして言われるがままに周辺をうろつき、疲れ、やっとのことでたどり着いたという有様だ。所詮、夫の両親との同居というのはこういうものなのだろう。

そういう些細な不満を持ちながらも、まずは自分が母親になれたこと、自分の分身ができたことに高揚し、

「さあ、私はママになった。この子の命は、何があっても私が守り抜く。この子のためならいつでも死ねる。どこの誰よりも世界一幸せにしてみせる。そして、『ママの子どもに生まれてきて良かった！』と言ってもらえる日が来るまで、何としてでも頑張り抜こう」

と固く自分に誓った。

しかし、その決心はわずか四ヶ月ほどで崩れ去っていった。それはいとも簡単に、あっけなく……。

あんなに可愛くて仕方なかったわが子だったが、とにかく育てにくい子だった。そのあとに生まれた二人の育児と比較しても、長女が一番育てにくかった。それに加えて起こり得る全てのことが初めての出来事、そして、その不安や悩みを義母に相談しても、「忘れた」「覚えていない」の答え以外は返ってこず、義母は二人の息子を育てたはずなのに全く当てにできないとわかった。

もっとも義母の場合、夫が赤ちゃんのときなど乳母車に寝かせたままで田んぼや畑仕事をしていたらしく、近所の世話好きな人やおませな女の子たちが入れ替わり立ち替わりでミルクを飲ませたり、抱っこしたり、あやしたりしてくれ、周りの人々によって大いに助けられていたそうだ。そのため、育児の記憶はあまりないようだ。そして、働き者の義母は自分のお店でお惣菜を作って売る商売をしているので朝から晩まで家を空けているし、義父は義父でもっと厄介なことに、逐一首を突っ込んでくるのだ。

不本意なことはいろいろあった。私は、自分のことを本当は「ママ」と呼ばせたかった。

だが、義父は「母ちゃん」と呼ぶように長女に教え込み、一度も「ママ」と呼んでもらえる日は来なかった。何が「母ちゃん」だ！　嫁の私のことはそう呼ばせておいて、自分の息子のことはしっかり「パパ」と呼ぶように教え込み、長女は「パパ・母ちゃん」というアンバランスな呼び方を三歳まで続けていた。

また、私は十六歳のときに、「女の子ができたら絶対にこの名前を付ける」と決めた名前があった。それは女子高生なら誰しも抱く淡い夢みたいなものではなくて、あることがきっかけで私なりの揺るぎのない譲れない課題でもあった。当然、それを夫との結婚のたった一つの譲れない条件にもした。しかし、

「そんなのお安い御用だ！　女の子ができたら好きな名前を付ければいいよ」

と快く承諾してくれ、

「約束よ」

「うん、約束する」

「絶対絶対に約束よ！」

「うん、絶対絶対約束する」

と固く約束したにもかかわらず、夫は義父の「これにしろ！」と決めた名前をあっさり

と受け入れ、私の決めていた名前はその場で却下された。

私の十六歳からの譲れぬ課題、たった一つの結婚条件は、一瞬で散ってしまった。

「果たして、この名前で長女を一生呼び続けていけるのだろうか？」

という不安は、のちに的中することになる。


育児で疲れるよりももっと以前から、私にはわずかではあるがストレスというものが存在していたようだ。そのうえ、出産後まともな休息も取れないまま、一、二時間おきの授乳にオムツ交換、お風呂ももちろん私一人で入れなくてはいけない生活が始まった。そのお風呂も上の階にあるため、毎回長女を抱っこして、靴を履いて外階段を上がり、脱いで部屋に入り、ようやくお風呂までたどり着くという状況だった。それに加えて、毎日の炊事洗濯掃除、「いったい私はいつ寝れば良いのでしょう？」と夫に問いかけても、いびきをかいて寝ている……。

あんなに頑張って搾乳して、少しでも長く母乳を飲ませてあげようと思っていたのに、こんな毎日では身体の休まる暇もなく、帰ってきてわずか二週間で私の母乳は一滴も出なくなった。母乳は半年から一年は出るのが一般的と言われているが、この時点で既に私は落第ママだった。

　母乳が出ないということは、ミルクに頼るしかなく、それは母乳とは比べものにならないほど手間のかかる作業で、調乳、哺乳瓶や乳首の洗浄と煮沸消毒、飲んだあとのゲップがその都度付加される。ちなみに長男のときは、夜の授乳など、親子で布団に入り、私は横向きになって息子に自分のお乳を吸わせたまま眠ってしまう。目覚めたら朝になっていて、これほど楽な子育てがあっていいものか？　と驚くばかりだった。また、長男はよく飲みよく眠る子でゲップも上手く本当に育てやすい子だった。だが、長女は、特別育てにくい子だったので、育児も一筋縄ではいかなかった。

　新生児の間はもちろん、二ヶ月三ヶ月になっても、朝も夜もなく二、三時間おきに泣いてぐずって抱っこを要求する。私も横になって寝たくて、抱いている長女が寝たことを確認しそっとベッドに下ろしたら、一瞬で目を覚ましまた泣く。トイレさえまともに行かせてくれず、これでもかこれでもかというように、機関銃の如く泣きわめくのだ。お腹が空いては泣く。オムツが汚れては泣く。ゲップが出ないと泣く。ミルクを飲んでいる最中でも泣く。びっくりしても泣く。私の顔が見えなくなっても泣く。抱っこしている以外はほとんど泣きわめいている。考えてみれば、もうずっと何日も、ゆっくり横になって寝た記憶がない。もう、限界だ……。睡眠不足で疲労困憊の私には、長女の泣き声が悪魔の声に聞こえてきた。そうして、気が付けば生後四ヶ月のわが子の頭を平手でバシバシ叩いている自分がいた。

あれほど頑張ると誓ったにもかかわらず、あんなに可愛い天使を授かったことに感謝し、その夜は高揚のあまり一睡もできなかったはずなのに、そんな記憶はすっかり消え失せた。この頃から徐々に理性が欠け始め、日を追うごとに母性本能の欠片もなくなり、長女の泣き声だけに反応するようになっていった。長女が泣けば「うるさい！」と言って頭を殴り、さらに大声で泣けば、大声で怒鳴り散らすという、赤ちゃん相手に『目には目を歯には歯を』の教育を施していたのだ。

とはいえ、暴力を振るわれながらも長女は確実に成長している。私を見てニッコリ微笑んで、まさに天使の笑顔を無償でくれる。その瞬間、思わず長女を抱きしめて「ごめんね」を繰り返す。でも、それもつかの間、また泣き声に反応し手を出す、ということが習慣化され、部屋では、終日私の「うるさ〜い！」という怒鳴り声と長女の泣きわめく声が響き渡っていた。外にこの状況がばれないように全ての窓を閉め切って、汚れた空気の中で荒れ果てた密室で、私はどんどん地獄に堕ちていった。

こうなるまでに私だって、仕事から帰ってきた夫に「ミルクを作る間だけこの子を抱っこして」と、その都度頼んだりもしたが、腰が痛いだの頭が痛いだのと自分の身体の不調を訴えては逃げてばかりだった。お風呂に入れてくれたのは、後にも先にも初めて帰宅した夜の一回きり。それでも、何度も協力を求めたり、泣きながら「もう、いや〜」と叫びまくったりもしたが、毎回、夫はこう言った。

「こっちだって仕事で疲れて帰ってきて、安らぐこともできずに毎日毎日母親の怒鳴り声と子どもの泣き声を聞かされて、頭がおかしくなりそうだ。自分だけが大変だなどと思うな！」

それにキレて私も黙ってはいられず、そのまま醜い罵り合いがしばらく続く。そのかたわらでは、相変わらず長女がギャーギャー泣きわめいている。こんな争いを何日も繰り返しているうちに、お互いに疲れ切ってしまい、言葉を発する気力もなくなり、自然に夫婦の会話もフェードアウトしていった。

夫は、私の父親のように、うるさいから子どもを連れて出て行けとは言わなかったが、

「何か手伝おうか？」とも言ってはくれなかった。まるで、自分には無関係なことのように、寝るためだけに帰ってきて朝になれば仕事に行く。

もちろん離婚も考えた。何度も……。しかし、私には、「お帰り」と言って迎えてくれる実家もなければ、この先シングルマザーとなって母子家庭で育てていける自信もない。それ以前に、私には、ここから出て何かをしようなどというエネルギーは、もはや微塵も残っていなかった。

初めての子育てで何もわからないのに加えて、根が真面目で融通が利かない私は、手を抜くことなどできず、全てが真剣勝負そのものだった。そうして毎日必死に真剣に育児をしている私に、ますます追い討ちをかけて居心地悪くさせるのが、義父の不条理な言葉だった。

長女は、生まれたときからお乳を吸うのもミルクを飲むのもゲップも全て下手だった。おまけにちっとも眠ってくれず、ミルクも吐いてばかり。そのうえ、しょっちゅう風邪をひいては高熱を出す始末。毎年、季節の変わり目には必ず風邪をひいていた。ただでさえ眠ってくれない子が風邪をひくとますます熱でぐずるし、飲ませた薬も全てミルクと一緒に吐くので効果がない。そのため、看病している私の方が体力を消耗し、酷いときには意識が朦朧となる。それでも私は気力体力精神力を総動員させて、戦いに挑んでいた。にもかかわらず、義父は私を責め立てる。

「母親がそばに付いていながら、風邪をひいたとは何事じゃ！　お前、それでも親か！」と。この言葉には、せっかく自分を奮い立たせて奮闘している私のやる気を全否定するような抑圧があった。誰が好きで子どもに風邪をひかせる親がいるものか！

実のところ、義母も忙しい毎日の中で、長女にかなりの頻度で関わろうとしてくれた。義母にとっては初孫で、しかも念願の女の子である。理屈抜きに可愛がり、ベビーカーに乗せて近所に見せびらかしては自慢していた。長女も義母によくなつくようになった。しかし、私は義母の手を拒むしかなかった。理由は、あまりの不衛生ぶりに私が長女を安心して預けることができなかったからだ。まさに目が飛び出るほどの、人様にはとても言えないような驚愕の事実が嫁ぎ先には多々あった。

息つく間もなく、毎日朝から晩までずっと働いてきた義母にとって、家とは「寝る場所と食べる物さえあればそれでよし！」で、基本的な掃除だの清潔な環境だのという言葉とは全く無縁の人だった。しかし、その感覚で長女に関わってこられることが私には耐えられなかった。

たとえばこうだ。まだ新生児の長女を、今しがた捌いた魚の鱗が付いたままの、ドロドロに汚れたエプロンをつけたまま抱っこする。歩けるようになった長女が、義母の部屋でほんの数分遊んだだけで、靴下の裏が真っ黒になる。風呂場も、脱衣場のドアを開けた瞬間、目に飛び込んでくるのは、五十匹ほどのゴキブリの運動会。他にもまだまだあるがこれくらいにして、あと一つ。

これは義父母に共通することなのだが、長女が二歳を過ぎた頃から、時々長女を散歩に連れ出した。私は家の中では全く構わないのに、娘が外出するとなると、かなり見た目を気にして、着せる洋服に気合いを入れる。(全て頂き物だが)お出かけ用の流行りのデザインTシャツ、三段フリルのスカート、それに合うソックス、靴、ポシェット、そして必ず髪をリボンで飾って完璧な女の子に仕立て上げてから、「お願いします」と言って散歩に連れて行ってもらう。

しかし、一、二時間ほどして帰ってきたわが子を見ると、唖然となり言葉も出なくなる。いつからこの子はスラム街の物乞い少女になったのだろう？　と言いたくなるほどの変貌ぶりだ。特に義父においては、あんなに可愛くおめかしして預けたのに、妙なにおいをぷんぷんさせて、髪の毛はぐちゃぐちゃで何かくっ付けているし、口の周りは食べかすがベットリこびり付いているし、洋服はシミだらけ、靴下も靴も泥だらけ……と、毎回こんな状態で返される。

これでは預けている間、ゆっくりできるどころか、「今日はどこまで汚れてくるんだろう？」とか「どんな所で遊ばせているのだろう？」と気になって仕方がない。たとえ、汚れるのを前提に普段着を着せたとしても、服の汚れやシミは普通に洗濯したのでは取れず、ドロ汚れ専用洗剤でゴシゴシこすったり、漂白剤に浸したりと、結局また余計な仕事が増える一方。預ける相手が義父や義母だと逆にまたストレスになり、それなら預けない方がまだマシだ、というわけで、どのみちストレスから解放されることはなかった。

誰も彼もみんな、どうして私をこんなにイライラさせるのだろう？　私はただ普通の環境を求めているだけなのに、どうしてこんなに世間とズレがあるのだろう？　どうして私には安らげる場所がどこにもないのだろう？

周りのママたちは、あんなに幸せそうで、ことあるごとに実家の両親に子どもを預けては、夫婦で外食したり旅行に行ったりしている。私は、そんな贅沢は一度も望んだことはないが、一度でいいから安心できる誰かに子どもを預かってもらって、ゆっくり休みたかった。たっぷりと睡眠を取ってみたかっただけだ。

そういった要求を押し殺して日々頑張っているのに、私のしていることは全て水の泡となる。夫の両親との同居という環境下で、ストレスを抱え、自分が産んだわが子なのに名前さえ自由に付けさせてもらえず、頼りにしたかった夫にも何一つ期待できず、とことん孤独だった。この家には、私の育児という仕事を労ってくれる人も、励ましてくれる人も、泣き言を聞いてくれる人も、誰一人いなかったのだ。

二度の命拾い

数年前、児童虐待防止のCMで、「まず、子どもを抱きしめてあげてください」というようなメッセージと共に、母親が娘を抱きしめる映像が頻繁に流れた。

私はそれを見て、不快感のあまり鳥肌が立った。

「いやいや、ないでしょう……というか、ふざけるな！」

このCMを制作した人たちは、こんな内容で虐待を防止できると本気で思っているのだろうか？

恐らく、本当に虐待を経験したりその苦しみを味わったことのある人なら、まず、こんなCMは作らないはずだ。本当の虐待とは、こんなきれいごとではすまされないからだ。

第一、目の前のわが子を自分の手で抱きしめてあげられる優しさ、言い換えれば抱きしめてあげられる心の余裕、そんなものがあれば最初から虐待などあり得ないのだ。

このＣＭを目にするたびに、

「本当のお母さんなら、こうして子どもを抱きしめられるのよ。でも、あなたはそれができなかったでしょ？　だからお母さん失格よ」

とでも言われているような気がして、防止どころかますますこちらの気持ちを逆撫でされている感すらあった。

なぜなら私は、長女に「お母さん、前髪が目にかかってうっとうしいから、切って」と言われても、その前髪を切ってあげることすらできなかったのだ。もっと言うと、長女に触れることすらできないでいたのだ。私が長女に触れるときは、暴力を振るうときだけで、それ以外では、どうしても触れられなかった。

それどころか、その頃は、義父によって付けられた名前で呼ぶのが嫌で嫌で、「ねえ」とか「ちょっと」でごまかし、長男や次女と一緒になって、たまに「お姉ちゃん」と呼ぶことはあっても名前で呼ぶことは滅多になかった。毎回、長女を「名前で呼ぼうかどうしようか？」と一瞬考えるのだが、躊躇してやはり名前では呼べずにいた。

普通の親なら、考えもしないだろうが、名前を呼ぶという行為は愛情や親しみがあるからこそ自然にできるもので、私には、長女に対しての愛情や親しみが欠落していたことと、自分が呼びたかった名前ではなかったことが原因で、自然に名前を呼ぶことがどうしてもできなかった。

これが、子どもに拒否反応を示し虐待している親の本心なのだ。あんなにいとも簡単に易々とわが子を抱きしめることができるなら、誰も苦しんだりするものか！　とてもじゃないが、苦しんで傷ついている親に向けてのメッセージとは思えない。

たとえば、東日本大震災で家族や家を奪われた人々の痛みは、私などでは到底わかるはずもない。それは、同じ災害に遭い同じ体験をした人同士でなければわかり合えないはずだ。この両者をひとくくりにしていいかどうかは別として、苦しんで深く傷ついている親の痛みは、同じ傷を負った人にしか理解できないであろうと思う。

そして長女に対する暴力が始まって以来、もう自分でもそれを止めることができずに感情のままに手をあげていたのだが、それも私なりの理由があってのことだった。

初めて長女に手を出したときは、あまりの自分の置かれた環境に疲れ果て、気が付けば手が出てしまっていたのだが、四六時中泣いてばかりいた長女もやがて寝返り、お座り、ハイハイができるようになり、生後八ヶ月を過ぎたあたりからは、常に私の脳裏には確固たる信念がこびり付いていた。それは『しつけ』だ。本当に『しつけ』のつもりだった。

児童虐待事件で加害者になった親もよくそんな風に言うが、私はそれも本心だと思う。自分自身、母親に甘やかされて育った結果、あとで苦労したから、娘にはそんな思いをさせたくない、私がいつ死んでもあとあと困らないようにしっかり自立させなければ、という親としての責任感からの『しつけ』。これを真っ先にわが子に叩き込んでやることこそが親の真の愛情なのだと信じてもいた。

たとえば、生後九ヶ月の長女にはんてんを着せるのに、まず片方の袖に手を通してあげると、今度は自分で反対の袖に手を通そうとするが、上手くいかずにかんしゃくを起こして泣き叫ぶ。その瞬間、バシッと頭を殴り「いちいち泣かないの！　服ぐらい自分で着なさい！」と怒鳴る私は、本気で長女の早期自立を願っていた。今こうして甘えさせずに厳しくきちんとしつけることで、長女自身がのちに苦労しなくてすむのだ、楽できるのだ、と。

その後も、歩けるようになり走れるようになると、当然転んだりもする。その転んだ長女が泣こうがわめこうが、手を差し伸べたことは一度もない。だが、この程度なら自立心を養ううえでの『しつけ』として通用するであろう。しかし、それも度を越えると『しつけ』とは言えなくなる。

長女は、離乳食の頃からかぼちゃが大の苦手で、どうしても食べようとしない。軟らかく煮込んで潰したかぼちゃをスプーンに少しだけ取り、生後六ヶ月の長女の口の中に入れてあげるのだが、顔をしかめて舌で押し出す。その後も何度となくトライするのだが、味が駄目なのか食感が無理なのか、そのどちらも嫌なのかはわからないが、どうしても受け付けない。飲み込もうとしても上手く飲み込めず、喉につまらせ、むせてその勢いで吐いてしまう。それでも、どうにかして緑黄色野菜の代表であるかぼちゃを食べられるようにしなくてはと、私もムキになり、一年かけてあの手この手を尽くしてはみたが、どれも駄目だった。

ある日「お菓子感覚にしたら食べられるのでは?」とひらめき、パン皿にキティちゃんのナプキンを敷き、かぼちゃをスライスして油で揚げた物をナプキンの上に飾るように並べ、可愛い動物のピックを二本刺して完成! というメニューでテーブルに出してみた。

「これなら食べられるでしょ? 甘くてカリカリしててお菓子みたいで美味しいよ」

と、すかさず誘導もしてみた。長女は「わあ〜、おやつだあ！」と言ってピックをつまみ、スライスしたかぼちゃをパクリと食べた。

「うん、これなら食べられる！」と言って調子よく二つ三つ食べ、そのまま吐くこともなくかぼちゃを食べさせることに見事成功したのだ。その後も何度か、かぼちゃをスライスして揚げ物にするかフライパンで焼くかして食べさせた。

スライスとはいえ、だいぶかぼちゃに慣れてきたようだったので、それからは、定期的にかぼちゃの煮物を食卓に登場させた。出された以上食べないと許されないという私が作った鉄則を知っている長女は、必ず食べる。とりあえず食べて、そのあと、上手く飲み込んでそのまま吐かずにすんだ日もあれば、やはり喉につまらせ、むせて吐く日もあった。

しかし、吐くときはすごい勢いで飛ばすように吐き、しかも今まで食べた物も全て吐き出してしまう。食事はいったん中断し、吐いた物を掃除して、またキッチンに立ち、今度は長女が吐かないような超軟らか系のメニューで作り直さなくてはならないという面倒くさい作業が待っているのだ。二歳になってもまるで赤ちゃんのように、食べては吐き、吐いては食べの二度手間に付き合わされるのにもいい加減嫌気がさしていた。その頃は、吐くたびに私の平手打ちが彼女の後頭部に飛んだ。

それからしばらく経ってから、またかぼちゃの煮物をおかずの一品として食卓に登場させた。もじもじしてなかなか食べようとしない長女に向かって「全部食べなさい。吐いたら許さないからね」と脅し、睨みを入れる。

仕方なく長女は半泣きになってかぼちゃを口に入れる。蛇に睨まれた蛙のごとく固まったまま、それをゆっくりと噛んで飲み込もうとしたそのとき、案の定、喉につまらせ、むせて、かぼちゃもろとも食べた物を全て勢いよく吐き出した。その瞬間、私の怒りは頂点に達し、

「いい加減にしなさい！　どうして、かぼちゃくらい食べられないの？　もうお母さんは知らない！　あんたが吐いた物、全部自分で片付けなさいよ！　一切知らないからね！」

と怒鳴り、その場から立ち去った。

キッチンからそっと覗くと、まだ二歳の長女は、泣きながらティッシュペーパーを何枚も使って、自分が吐いたテーブルの上のかぼちゃを集めては捨て、絨毯に飛び散った大量の吐物もティッシュペーパーの箱が空っぽになるまで使い切り、見事なまでに綺麗にふき取った。

長女にしてみれば、大嫌いなかぼちゃを前に食べろと脅され、そこから逃げ出すことも

できずに無理やり食べさせられて吐き、今度はそれを後始末させられるという残酷な体験をわずか二歳で味わわされ、どんなに悲しくても辛くても相手が母親である以上選択肢はなく、『しつけ』とはほど遠い『恐怖』を黙って受け入れるほか、なすすべはなかったのである。

親子であるがゆえに、『しつけ』と虐待の境界線はとても曖昧である。自覚症状のないままわが子のためを思っての『しつけ』が、いつしかその境界線を越えて虐待に発展してしまうのだ。また、いったん虐待に発展してしまったら、後戻りすることはほとんどない。

ではなぜそこまで私が『しつけ』にこだわったかというと、その影響力が一番大きいのはもちろん私の父親である。嫁いでからは、滅多に会わない父だが、何かの用事でたまに会ったときは必ず母と比べられて、

「お前のお母さんは良くできた人で、こうだった、ああだった、なのになぜお前はそうもだらしないのだ？　なぜお母さんの子なのにそうも情けないのだ？」

と非難され続けた。子どものときから父は私を「お前は人間としての資格がない」とよく叱咤した。確かに母は完璧な人で、家事も育児も難なくこなし、兄と私を心底愛してく

れた人だった。私だって育児中、きっと母ならこんなことさらりとやっていただろう、だから私だって、と思うのだが、やはり私にはできないことばかりだった。

それに人は否定され続けると、「どうせ私は何をやっても駄目。どうせ私なんて価値のない人間なんだ」と自己否定ばかりするようになる。だが、私の場合は、それでもどこかで自分というものの価値を認めてもらいたい、誰かに称賛されたい、という願望がかすかにあったようだ。そこに私自身もさんざん父から『しつけ』という名の暴力を受けた経験も手伝い、長女を、自分の願望を叶えるための道具にしてしまったのだ。

そして自分自身では全く気付かないまま、育児に異様な執着心を抱いていた。自分は無理でも、自分の子を『自慢できる子』に育て上げることで、世間からは「お母さんのしつけが良いから良い娘に育った」と評価されそれを自負できるだろう。何より父に復讐できる。そのため私は、徹底的に長女をしつけて『自慢の子』にすることに必死だった。

今から思えば、私のした『しつけ』とは、最初は本当に長女の将来を思えばこその親心だったが、いつしか子どものためなどではなく、結局、私自身が称賛され、その状況に酔いしれたいという欲望にすり替わっていたのだ。もしかしたら『自慢の子』から『優秀な子』に育て上げて、「どんなもんじゃい！」とふんぞり返り、父をギャフンと言わせたかったのが最大の理由だったのかもしれない。

しかし、当時の私は、それが歪んだ子育てと疑う由もなく『しつけ＝美徳』と信じ貫いた。その結果、長女は『優秀な子』にはなれなかったが、そこそこ『自慢の娘』に成長してくれた。


振り返れば、私が長女にしてしまった虐待の数々は、一つ一つあげていけばきりがないが、一歩間違えれば恐らく私は警察に逮捕されていたであろう事件が二度あった。

一度目は、長女が生後十ヶ月のときだ。この頃の私は、下手に『しつけ』にこだわる反面、相変わらずの育児疲れで、昼夜逆転の生活を長女と二人で送っていた。深夜遅くまでダラダラと遊んでいる長女も明け方にようやく眠たくなってぐずりだし、こっちが無視しているといつしか泣き疲れて眠る。それと同時に私も就寝するのだが、長女は、まさに眠りが浅い子ですぐに起きる。起きて泣き叫ぶ。それでも私が知らん顔して眠っていると、しばらくは泣いているがまた泣き疲れて眠るというのがいつものパターンだった。しかし、この日は違った。眠っている私の枕元まで這ってきて、今度は起きろと言わんばかりに、私の髪を引っ張ってくるのだ。こっちは、さっき寝始めたところなのに髪の毛を引っ張ら

れて痛くて眠れるどころではない。激怒した私は電光石火の如くガバッと布団をはぎ飛ばして起き上がり、

「いい加減にしろ！　これがどれだけ痛いかわかるか⁉」

と怒鳴りながら、長女のまだ茶色くて柔らかなふわふわの髪の毛をぐしゃっとつかんで引っ張り上げた。

当然、火がついたように泣き出すが、私の怒りはまだおさまらず、何度も何度も髪の毛を引っ張り上げ、ふと、右手を開くと、手の平には乳児の柔らかな髪の毛が束になって残っていた。しかし、それでも気がすまず、今度は、頭を何度も何度も両手で殴りつけ、その後も自分で自分を止められず、わが子の背中やお尻や腰を何度も足で蹴りまくった。

私も腹の底から怒鳴りながら号泣しながら暴力を振るっているから、ゼイゼイと肩で息をするほど体力を使い切り消耗してしまい、蹴っていた足がいったん止まった。その瞬間、死にもの狂いで泣き叫んでいる長女を目の当たりにし、一瞬だけ我に返った。

わが子が、鬼畜のような母親に虐待されながら、それでもこの母親に抱っこを求めている。しかし、私はこの子を抱っこしてあげられない。いや、抱っこどころかこのままこの子が泣き続けるなら、きっとまた「うるさ～い！」と言って殴り続けるだろう。恐らく泣

き止むまで……。言い換えれば死んでしまうまで……。

お願いだから、もう泣き叫ぶのはやめて！　どうして私をこんなに苦しめるの？　気が変になりそう。もう、どうしていいかわからない。わかることはただ一つ、このまま私たちがこの密室であと数時間も過ごせば、間違いなく私は娘を黙らせるために、殺めてしまうことだけ……。

いや、それはいけない。いくら母性本能がない私でも、そんなことはさすがにできない。しかし、このままこうして二人でいたら、自分で自分を抑えきれないのだから、感情のままに突っ走ってしまうのは確実だ。

わが子にそんな殺意を抱く自分が怖くて、まずは、長女を自分の視界から外すため隣の部屋に移動した。パニックに陥っているのと、ついさっきまで幼いわが子に暴力を振るった自分が許せず、今度は自分の頭を壁に何度も何度も叩きつけた。大声で泣きながら奇声を発しながら何度も。それでも、隣の部屋から悪魔のような長女の泣き叫ぶ声は一向におさまりそうにない。でも、何とかして長女に泣き止んでもらわなければ、次に何をしでかすか自分でも怖い。いっそのこと、このまま長女と一緒に死んだ方が楽になれるのかもしれない、こんなに苦しむくらいなら長女を殺して自分も……どうしよう、どうしよう、いや、でも、どうにかせねば……。

気が付けば、震える手で夫の携帯に電話していた。常に会話のない夫婦だったが、このときだけは夫に救いを求めた。幸い夫はすぐに電話に出た。

「もう、私、どうしていいかわからない。このままだと絶対この子を殺してしまう。本当に、私、どうしていいかわからない。どうしていいか……」

そのあとは嗚咽して言葉にならず、受話器を持ったままその場に泣き崩れた。

電話を切って数十分後、玄関の開く音がして、夫は血相を変えて部屋に入って来た。隣の部屋で泣いている長女に気付き、抱っこして「何があったんだ？」と、ボサボサになった長女の髪を優しく撫でながら私の方にやって来た。

夫に抱っこされてようやく長女は泣き止んだ。日頃、これっぽっちも協力してくれない夫だったが、このときばかりは、長女の命の恩人だと今でも感謝している。

長女は一歳になり、歩き出してオムツも取れ、二歳のときに保育所に入り、三歳で幼稚園に入園した。私は生後十ヶ月の長女を殺すかもしれなかった事件のことなどすっかり忘れて、その成長過程でもやはり自分の感情を抑えることができずにずっと手をあげていた。

ただ、一度だけ例外があった。ある人物がきっかけで、一定の期間だけ一度も手を出さなかったのだ。その人物とは、長女が幼稚園で一番仲良くなったミクちゃんのママのことだ。

ミクちゃんのママは、私より二歳年下だが私なんか足元にも及ばない良妻賢母で、家の中はいつもピカピカ。お料理もお裁縫も上手で、子どもの遊び道具も手作りの物が沢山あり、のれん、テーブルクロス、ソファーカバーなど布ものは全てママのお手製だ。既にこれだけでも脱帽だが、もっとすごいのが子育てだ。

まず、子どもを叱らない。手をあげるなど論外で、常に子どもの意見をしっかり聞き、子どもの要求にできる限り応えてあげ、聞きわけのないときは、叱るのではなくて、何がいけないのかを子どもが納得いくまで諭すように語りかける。この人こそ、まさに聖母そのものだった。

そんな聖母と私が、普通のママ友からあろうことかお互いに腹を割って何でも話せる仲になっていった。しかも目の前の聖母は、自分の育児の苦悩を暴露する私に、

「気持ちは本当に良くわかるよ、その苦しみ代われるものなら代わってあげたい。でもね、

みんな一緒よ。誰だって同じ感情でいるのよ。私だって、同じなんだってば」

と慰めてくれる。夏休み中に殺人事件を起こして新聞に載るかもしれないと本気で訴える私に、

「それだけは許さないよ。あとは、何をしても構わないけど、子どもを殺してしまったら、私は、絶対にあなたを許さないからね」

と本気で叱ってもくれた。これほど私を思ってくれて、優しい言葉をかけてくれた人が今までにいただろうか。私は何が何でも彼女に嫌われたくなかった。少しでも彼女のような母親に近づきたかった。彼女といるだけで、自分もほんの少しだけ純粋培養された気分になれる。彼女に便乗して優しい母になれたような錯覚を起こし、そのときだけでも心地よい夢を見ることができた。そして彼女の感覚までもが私の中に浸透してきたようで、長女の言動にカチンと来た瞬間、

「もし、ミクちゃんママだったらどうするだろう？　もし、ミクちゃんママだったら何て言うだろう？」

と、その都度一呼吸置く癖を付け、恐らく彼女ならこうするだろう、こう言うだろうと思い浮かんだことを実践した結果、私は一度も長女に手を出さずに過ごすことができた。

その間わずか一年足らずだったが、自分でも信じられないほど優しくて良い母でいられた。もちろん長女が一番嬉しかったに違いない。遊びに来た友達に必ず、「私のお母さん、何しても絶対に怒らないから、絶対に怒らないから何をしてもいいんだよ」と誇らしげに言っていた。

しかし、その後、ミクちゃんママとは会えなくなってしまう。そうなるとあの純粋培養もどこかへ飛び去り、またもとの木阿弥。いや、それ以上だ。

この一年間私は、怒鳴りたくても怒鳴らずに、手をあげたくてもぐっと堪《こら》えて、良い母を演じていた。その積もり積もった鬱憤をどこで解消すればいいのだ？　それは、まさにダイエットしたあとのリバウンドと同じで、今まで我慢した分余計な利息もくっ付けてまたもや虐待が始まってしまった。

これが私ではなく別の誰かなら、ミクちゃんママとの出会いを境に、きっぱりと虐待から決別できたのかもしれない。だが、私には無理だった。

そんな中、私たちは引っ越しをすることになった。

長女が幼稚園に入園して一年後、年中になってすぐに長男が生まれ、その翌年の長女が年長になった秋に次女が生まれた。引っ越しは、次女がお腹にいるときで、七年間の夫の両親との同居生活にピリオドを打ち、義父の「出て行け！」と言う言葉に従い、公共住宅で初めて核家族としての新生活をスタートさせることとなった。

入居先は、市営団地といえど、外観も内装もマンションさながらの五階建ての新築で、部屋数も以前の二部屋の倍、それにお風呂だっていちいち靴の脱ぎ履きや階段の昇降をしなくていい。以前はなかった広いベランダもあり、洗濯物も室内干しから天日干しへ、布団も毎日干せる。そして何より家族四人とお腹の赤ちゃんだけという響きがたまらなく私を舞い上がらせた。長い同居生活で辛さに耐えつつ悔しい思いも数え切れないほどしたが、これでやっと自由になれると思ったら、今までため込んできたストレスも吹っ飛んでくれそうな気がした。

家財道具を入れるため、入居前に拭き掃除をしている私のかたわらでは、長女と長男が新しい四つの部屋に大喜びしながら、かくれんぼをしている。その様子を、目を細めて微笑ましく眺めている私。まさにこれこそが、理想の母子の姿というものではないか。何とも言えない新築の香り、傷一つないフローリング、南向きの大きな窓から太陽の光が燦々と差し込むリビング、想像以上の開放感溢れる佇まいだ。ここでなら長女にも優しくできそうな、普通のお母さんになれそうな、そんな気がする。また、ミクちゃんママと交流していたときのように優しい母に戻れるはずだと思った。

にもかかわらず、私の病気は再発した。腰痛、夫の不在、ご近所付き合い等のさまざまな問題に悩まされて、結局、また長女にストレスを全てぶつけるという虐待第二弾に突入してしまう。私と長女の間で、虐待の文字と決別することはどうしてもできなかった。

誰も好き好んでわが子に暴力を振るっているわけではない。普通の人には理解できないかもしれないが、ある種の呪縛にも似た、自分でも解明できない不気味なこの冷酷な感情と、それを阻止できない自分に、どれだけ泣いてどれだけ苦しんだかわからない。一瞬、死さえもよぎるほど重症なものだったと今でも思う。何度かそれを切り離せるチャンスはあったものの、一時的な気まぐれで終わり、いかにこの虐待というものが根強く自分に潜在していたか、改めて思い知らされた。

二度目の事件は、長女が十二歳のときだった。

長女が何か余計な一言を口走ったのだ。それがきっかけなのは覚えているのだが、いったいどんな会話のやり取りがあって、どこでどうなってその一言に怒り狂ったのか、どうしても思い出せない。本当に酷い母親だ。思い出せない程度の言葉なら怒り狂う必要などないのだ。

それなのにそんな些細なことで、逆上した私は、とっさに目の前にあったはさみを右手に握りしめ、「今、何て言った？　え？　今、何て言った？」と言いながらつかつかと娘に近づいた。

私の異常な目つきを察知し、慌てて玄関まで逃げ、下駄箱の前で固まって「ごめんなさい、ごめんなさい、ごめんなさい……」と震えながら謝る長女の洋服の襟もとを左手でつかみ、右手に握ったはさみを振り上げて「もう一回言ってみ！　もう一回言ってみろ！」と怒鳴りあげ、その振り上げたはさみを、そのまま力任せに振り下ろそうとしたその瞬間、「やめて～！　お母さんやめて～！　お願いやめて～！」と背後から大声で泣きながら叫ぶ次女の声が聞こえた。

その声でハッと我に返り、長女の襟もとをつかんでいた左手を離し、持っていたはさみを目の前の下駄箱の上に置き、その場を離れた。長女は命拾いした安堵で脱力し、その場で泣いていたが、私は謝りもせず気にかけもしなかった。

そんな長女を気遣い、「お姉ちゃん大丈夫？　大丈夫？」と心配する次女。私にはいないが、姉妹っていいいな、と羨ましく思った。二度目の長女の命の恩人は次女であった。

こういうことがあって改めて思う。もし長女が一人っ子なら本当にどうなっていたかはわからない。次女の存在があったからこそ、またその次女が大声で泣きながら訴えてくれたからこそ私は我に返ることができて、犯罪者にならずにすんだ。

長女が生後十ヶ月のときは、私が夫にブレーキ役になってくれと頼んだ。今回は次女が身体を張ってブレーキ役になってくれた。このブレーキ役がいなければ、その存在がなければ、自分で自分をコントロールできない環境下にいたら誰でも簡単に豹変してしまい、わが子に手をかけてしまうのだと思う。

何か事件が起これば、世間はその結果だけを浮き彫りにして加害者を責めるが、事件の背景にはそこまで行き着くまでに、私が苦悩したように必ず理由や原因がある。この私も、一線を越えて逮捕されていたら、私が犯した罪だけにスポットを当てられ、さんざん好き放題に言われ、メディアの餌食になるのだろう。苦悩の果てに事件を起こしたとしても、加害者のそれまでの経緯を誰が理解し、それまでの心の傷を誰が癒してくれるというのだろう？

事件が起こってからでは遅いのだ。なのになぜ、起こる前に何とかできないのだろうか？いや、それが難問なのだ。なぜなら、事件を起こす可能性のある親に限って仮面を被っているからだ。仮面の下で実はＳＯＳを発信しているのに、その仮面を取り払おうとはしないからだ。これがまた厄介なのである。

誰も演技を見破れない

長女が生後十ヶ月のときに、命の恩人となった夫は、事の深刻さを少しは理解してくれたようだった。それ以後、労いの言葉かけをしてくれるようになったと記憶している。

そうして月日は流れ、長女は弟か妹が欲しいと言い、夫も私も男の子が欲しいと願うようになり、その私たち三人の願いはすぐに叶い、男の子が誕生した。

長男は大変育てやすい子で、母乳ですくすくと育ってくれた。同じ子どもでもどうしてこんなに違うのかと驚くと同時に、長女がこんなに育てやすい子だったら、私だってもう少しマシな母親になれたのではないか？　と思ったりもする。そんな育てやすい息子でありがたかったのだが、その長男を妊娠したとき、私はかなり酷い腰痛に悩まされていた。

長男を産んでからも、さらに次女の妊娠・出産が続き、その後も乳幼児の育児には抱っこが欠かせないため、何年間も激痛との格闘を余儀なくされた。

そしてまた私の地獄が始まった。

長女の通う幼稚園は、何かと親の参加を要求される。運動会、遠足、お遊戯会、音楽会は言うに及ばず、月一回の参観日、年数回の母親学級、講演会等すこぶる熱心な幼稚園で、親もまた熱心な人たちがほとんどだった。

私も小心者で外面もいいので、行事には必ず出席した。長女が年長のときは、次女を妊娠中だった私のお腹も大きくなり、それだけでも負担となる腰痛を抱え、ハイハイしたくてたまらない長男を強く抱っこして、講堂で園長先生の講義が終わるまでじっと耐えなくてはならないこともあった。

抱かれているのがいやで、とにかく下ろして自由にさせろと要求する長男を抱っこしたまま、立ったり座ったり揺すったりタカイタカイしたり、とあやす作業は汗だくになるほどの重労働だった。ならば、欠席して家でのんびりしていれば良かったのだが、私にはそれができなかったのだ。入園してから、少しでも良い母親になりたくて必死にもがいていた時期でもあったのと、同時に誰からも良い母親に見られたくて、そのように振る舞っていた。

長女が幼稚園に入園するまでは、私たち母子の生活は堕落の極みのような毎日だった。

その頃私は、長女を保育所に預け義父の営む食堂を手伝っていたのだが、そこでも、執拗に繰り返される義父の罵声に叩きのめされる日々で、自暴自棄になり、育児はもちろん家事をする気力すらなく、生活そのものが停止状態に陥っていた。部屋は散らかり、夜中はアンパンマンのビデオがずっと流れていた。そんな腐敗しきった親子が、この幼稚園に入園し、園長先生の教育方針を全うした結果、劇的な変身をしてしまったのだ。

その教育方針とは、まず子ども生活の基本である早寝早起きを習慣化し、毎日部屋を掃除して清潔な環境作りをする。さらに、偏食は小学校に上がってから困るので、何でも食べられるようにしておき、起床も着替えもお風呂も片付けも全て自分のことは自分でできて当たり前、家族の一員であることを意識させ、お手伝いもどんどんさせる。季節の行事を積極的に取り入れ、四季の移り変わりを肌で感じ、生き物と頻繁に触れ合うことで優しさを育み、集団生活で我慢することを覚えさせ、テレビは目に悪いので見る時間を決めて守らせる。できるだけ外遊びをして五感を鍛え、何でも買い与えずに物を大切にする心と感謝の気持ちを忘れないようにと導く。そして、祖父母や両親や幼稚園の先生の言うことをよく聴く子に育てましょう。というものだった。

長女は、これらのカリキュラムを一通り身につけた。もちろん、それを身に付けさせたのは私だ。だが、これは表向きの姿であって、長女は、これらを楽しみながら自然に身に付けたわけではなく、ただただ怖いお母さんに叱られたくなくて、認めてもらいたくて、その一心で何一つ反抗せず、私に従ったのだ。しかも、幼稚園の教育方針の他に、私は、ダンス・硬筆・体操教室・ピアノ、夏にはさらにスイミングとお絵かき教室というハードスケジュールに加え、三歳児に無理やり、五十音のひらがなと十二色の色の名前を覚え込ませようと躍起になっていた。

私はこたつに入り自分の横に長女を座らせ、五十音のひらがなの表を見せて、「あ」から順番に教えていく。しかし、何度教えても「そ」から先が覚えられない。当然、私は長女の後頭部をバシッと平手打ちし「あんたバカじゃないの？　なんでこれくらいの字が読めないの？　ホント、バカなんだから！　バカに付ける薬はないからね！」とバカを連発し、その場をあとにする。長女は、二時間という私の拷問教室に疲れきってシクシク泣いている。

それは、日によってひらがな教室だったり、色教室だったり、折り紙教室だったりとさまざまだったが、結局最後は母親のビンタと怒鳴り声で終了するという世にも恐ろしい授業だった。実を言うと、もともと私は、幼い子に英才教育や習い事をさせるのは反対派だった。

「子どもは元気に外で遊ぶのが仕事で、早い時期からピアノだのスイミングだの英会話だの、ましてや七田式・公文・学研など机上で何をさせるつもりなんだろう？　三歳児にその必要性があるのか？　子どもが可哀想だ」

と眉をひそめては、足しげくお教室に通う母子を冷ややかに見ていた。それなのに、集団の力というものは恐ろしいもので、わが子に期待をかける教育熱心な母親たちの熱意に巻き込まれ、気が付けば私も、先ほど連ねた習い事に長女を連れて足しげく通っていたのだ。

それだけではない。一緒に遊んでいる仲良しの子から手紙などをもらってきた日には、

「お手紙くれた」と喜んでいる長女に向かって、

「ちょっと、○○ちゃんは、もう字が書けるじゃないの。あんたは、まだまともに読めもしないのに、何やっているのよ！」

と叱咤し、このままではいけないと焦りだすのだ。仲良しの子や身近にいる子にできて、

長女にはできないことを発見してしまうと、不安になり、出遅れてしまったのん気な自分を責め、わが子も早くできるように追い付かせねば、だったら今すぐにでも特訓しなくては、という理由で拷問教室の始業ベルを鳴らしてしまっていたのだ。

確かに私は、長女に母親としての愛情をかけてあげられなかったが、その負い目も手伝って、長女の子育てにはどこの誰よりも真剣に取り組んだつもりだ。これだけは、誰にも負けないと自負している。特に三歳からは、子どもに良いと聞けば何でもやってみた。子どもに悪いと聞けばその情報を遮断した。いつどんなときでも「この子のために、この子の将来のために……」とできる限りのことをしてきたつもりだ。そのため、真剣すぎて失速しては転落しても、基本はいつも「この子のため」なので、また何かためになりそうなことに反応しては全力で疾走し、力尽く、ということを繰り返してきたのだ。

真剣になればなるほど、自分の思い通りの結果が出なければ許せなかった。自分が発するエネルギーと同量のエネルギーを長女にも求めた。私がこんなに頑張っているのに、怠けたら許さないからね、と相手が幼児であるにもかかわらず、監視を強行した。

また、お弁当も例外ではなかった。しんどいときには手抜き弁当にすれば良いのだが、当時の私に手抜きという言葉は皆無だった。ごく稀に寝坊もしたが、それ以外は毎朝六時に起きて、見た目も赤・黄・緑を意識して緑黄色野菜と卵は必ず入れ、色鮮やかで栄養バランス満点のお弁当を毎回心がけて作った。

長女が三年間のうちで、お弁当を残して帰ってきたのはたったの二回だけだった。しかし、私はその二回が許せなかった。長女の在園中に二年続けて下の子二人を出産し、いきなり乳児が二人増え、どんなに大変でもどんなに腰が痛くても「この子のため」を思い、朝起き上がれないときは這ってでもキッチンに行き、流し台にしがみつきながら立ち上がり、必死に作ったお弁当なのに、残すなんてあり得ない、人の苦労を何だと思っているんだ、という具合だ。

さらに、夏休みの宿題は親子で最悪だった。幼稚園では絵や工作、小学校では読書感想文や自由研究の宿題で「もうこれで十分」と満足する長女に、もっとハイレベルなことをしろと要求する。長女は、せっかく仕上げた自分の作品や感想文や研究は全て却下され、結局母親の満足するものでなければ許されず、そのオッケーが出るまでの苦労と言ったら、連日深夜までかけての作業で、毎年親子でフラフラになるほどだった。

そして、知ってしまったがために苦しんだものがあった。長女が小学一年生のときに、知人からシュタイナー教育というものを教わったのだが、それは、『何ものにもとらわれない』奥の深い教育で、個性を活かし自然や芸術を通して成長することを重んじていた。子どもにとっての理想の教育と聞き飛びついたシュタイナー教育だったが、そのハードルはあまりに高く、私には真似事しかできず、それを本気で取り入れることは無理だった。理想の教育があってそれを実践している人も沢山いるというのに、私にはそれができない。せっかくの理想の教育を知っただけで、わが子にその教育を施すことができないという自責の念に駆られて、やはりこのときも潰れた。何が辛いと言っても、理想と現実のギャップが一番辛かった。

しかし、改めて冷静に考えてみると、浮かび上がってくるのは、私がどうしても切り離すことができなくて、こだわってしまう見栄や体裁だ。もちろん、子育てに真剣だったことには一点の曇りもない。しかし「本当にそれだけだったのか？」と自分を問い詰めると、どうやらそうではなさそうだ。

家庭での勉強、お弁当、夏休みの宿題、シュタイナー教育、それらは、結果が人の目に触れるということだ。ひらがなを覚えさせることで、幼稚園で有利な立場に立たせていたかったのではないか？　夏休みの宿題をハイクオリティーにすることで周りからも一目置いてもらえると思ったのではないか？　お弁当にしても、もちろんわが子への栄養をちゃんと考慮して作ったが、それよりも、いつ何時先生にお弁当の中を見られるかもしれない、いつ見られてもいいように模範的なお弁当を自分の体裁のために作っていたのではないか？シュタイナー教育も、日本の義務教育とは違う理想とされた教育という名前ばかりに執着して、「私は人とは違うことをやっている」ということに優越感を抱きたかったのではないか？　恥ずかしながら、私の根底に存在する声がこう答えた。

「はい、全てその通りです」

そういうわけで、私は、その必要に応じて仮面をつけ、『良い母親』あるいは『感じの良い人』を演じるようになっていた。たとえば長女が友達と遊ぶ約束をしたとする。「明日、○○ちゃんとうちで遊ぶ」と言われ、「え？　明日なんて急に言われても無理！部屋も掃除していないし。駄目だからね」と冷たく返すと、「だって、約束したのに……」とグチグチ言い出すので、「うるさい！　お母さん腰が痛いんだから掃除だって時間がかかるし、とにかく明日は無理」とねじ伏せる。

そもそも幼稚園児というのはモンスターのような生き物で、大人しいのは最初だけで、遊びが過熱し出すとハイテンションになり、部屋から部屋へ移動しながら遊び、開けて欲しくない扉を全開にして、酷いときは押入れから布団が雪崩状態になっている。

子どもだけなら少々手抜き掃除でも構わないが、もれなく母親も一緒なので、隅から隅まで掃除して、押入れの奥の奥まで見られても構わない状態にし、お花の一つも飾っておかないと、見栄張りの私は人を呼ぶことはできない。よって遊ばせられない。しかし、そういうときに限って電話がかかってくるのだ。

「子どもから聞いたんだけど、明日お邪魔してもいいのかな?」

「いや～、悪いけど掃除も大変だし、明日は無理、勘弁して」とは言えず、

「あ～、なんか約束したみたいね。明日いいよ。汚くしているけど……それでも構わないなら……どうぞ、どうぞ。うちの子も喜ぶし……」

と心にもないことを言い、顔が引きつっているのが自分でもよくわかる。そして、電話を切ったと同時に、

「何で約束なんかしたの？　あんたが勝手に約束なんかするから、また私の仕事が増えたでしょ！　もう、腰が痛いのに。お母さんが歩けなくなったらあんたのせいだからね」とガミガミわめき、そこから大掃除を開始し、長女を使いまくり掃除を手伝わせるのだが、その間も「遅い、できてない、やる順番が違う、バカ、アホ、いい加減にしろ！」と罵声を浴びせる。それでも自分が約束して母親に負担をかけた負い目があるので、長女は文句一つ言わずに、言われた通りにきっちりこなしていく。夜になっても、私の手は止まらず夜中まで引っ張ることとなり、腰が痛くて掃除がはかどらないときは徹夜の作業となる。そして、

「何で私がこんなことしなきゃいけないの？　あの子が約束なんかするからだ。もう最悪」と、すやすや寝ている長女と明日遊びに来る母子とが無性に腹立たしくなり、イライラが止まらなくなる。

何のことはない。「腰痛が酷いので明日は無理なの。ごめんなさい」これだけを言えばそれですむこと。そう言えば相手の母親だって、「それは大変ね。腰は大丈夫？　わかったわ。お大事にね」と言って気持ち良く了承し心配さえしてくれることもわかっている。

しかし、そうはならない。問題は私自身にあるのだ。他人と関わるときはいつどういう

内容でも、自分のハードルを高く上げ、完璧を目指すのが私の美徳であり信念だからだ。なんていうのは大袈裟な話で、ただ単にいい格好して、自分をひたすら良く見せたい、万人に好かれたいという願望が九割、せっかくうちに遊びに来ると言って楽しみにしてくれている○○ちゃんの期待を裏切っては可哀想という気持ちが一割、で断ることができないだけなのだ。「どうぞ、どうぞ」と言っておきながら「何で来るの？」と真逆の自分も顔を出してくる。これも私が演技上手だからできることで、相手は疑う由もない。

翌日、完璧な状態で母子を招き「いつも綺麗にしているわね。さすがだわ」と言われ、心の中で「おっしゃ～！」とガッツポーズをとり、そこで初めて招いて良かったと満足し、徹夜の疲れも吹っ飛ぶというわけだ。

自分に自信がないということはこれほど愚かなことなのだ。本来の目的は、お宅拝見でも何でもなく、子ども同士を遊ばせつつ親同士もお茶などしながら楽しいひとときを過ごすことであり、それを自分の称賛目当てに一喜一憂するなどバカバカしいにもほどがある。そんなくだらない私の価値観に、いつも長女は犠牲になっていた。

友達が帰ったあと、またそれが始まるのだ。大方の人は、散らかった部屋を帰るまでにきちんと片付けしてくれるのだが、たまに時間ギリギリまで遊んでいて「もう時間ないか

らこのまま帰るけど、ごめんね」と言って消えてゆく人もいる。そうなったときの私の怒りは、問答無用で長女に直撃し、

「だいたいあんたが片付けもできない子と約束するのがいけないんでしょ？　あんたのせいなんだから一人で全部片付けなさいよ。私が、この約束のためにどれだけの時間を費やしたと思っているの？　もう、二度と友達なんかと遊ばせないからね。もう、家には絶対誰も呼ばないからね」

と責め立てて、泣きながら片付けしている長女に手も貸さず、その後もずっと説教を続けるのだ。

しかし、それから十日も空かないうちに、また別の子の母親から「子どもが約束したみたいなんだけど……」という電話がかかってくる。そのあとは、先ほどの繰り返しだ。はぁ……疲れる。でも、やめられないこの演技。

こうして、私は、長女の習い事にも仮面を必ずつけて付き添った。普段、長女は私の顔色を見て生活し、なるべく母親を怒らせないように、そしてできるだけ自分の存在を認めてもらいたい、それが彼女の言動にあたり最優先すべきことだった。

そういうところに執着して育った子どもというものは、幼児だというのに妙に大人びていたり、物わかりが良かったり、反抗もしない。要するに大人にとって大変都合の良い、いわゆる「手のかからない良い子」なのだ。その良い子ぶりは意外なほど私を心地よいものにさせた。

基本的に、習い事の先生方は、よほど勝利や名誉などにこだわる人でない限り、どの先生も優しい。相手が幼児ならなおさらだ。家でいつも怒鳴られることはあっても、褒められることなどまずない長女は、お稽古で先生に褒められることが嬉しくてたまらないらしく、毎回のレッスンを意欲的に受け、先生の指導には素直に従い、言われた通りにやって見せる。その姿勢が、上手い下手は別として、先生には気に入られるらしい。

体操教室では「お母さんは、学校の先生をしていらっしゃるんですか?」と聞かれた。びっくりした私は「いいえ、先生だなんてとんでもないです。私はただの専業主婦ですが、どうしてですか?」と聞き返す。すると、

「お嬢さんは、本当に良い子です。まるで模範生のようです。お母さんのしつけがきっちりといきとどいているので、もしかして、学校の先生なのかな? と思いまして。運動神経も良いですしね。お嬢さんのような生徒ばかりだと、私は大変ありがたいのですが

……」と言ってもらえたではないか。

その少し前にも全く同じようなことをダンスの先生に言われた。ピアノの先生にもいつも「良い子」だと褒められていた。こうして自分が育てたわが子を介して、そのしつけ方が良いと第三者が称賛してくれるのだ。それも、口の上手い近所のおばさんの単なるお世辞とかではなくプロの指導者である先生方に、いろいろな子どもを見てきたけれど、その中でもお嬢さんは特に良い子です、と言ってもらえたのだ。しかも、一人ならまだしも複数の先生にだ。

これほど、人目を気にして「感じの良い人」を演じ、見栄を張り、周りから注目を浴びたい、自分自身に誇れるものはなくても、せめて子育てくらいは『しつけ』で成功したい、できればそのことで称賛されたいと常々切望しているこの私が、舞い上がらないわけがない。そして当然のごとく「私の子育ては、やはり間違ってはいなかったのだ」と何の疑いもなく確信し、ますますこの仮面をガッチリと固定し、さらに『しつけ』に磨きをかけることとなるのだ。

よもや、この「良い子」に育てた母親が家に帰り、玄関に入りドアを閉めたと同時に、その仮面を脱ぎ捨てて鬼畜に戻り、わめき散らし暴力を振るうなど、今までもこれからも誰一人気付こうはずもない。なぜなら、当の本人でさえもこの厄介な仮面の存在に対する自覚がないからだ。

が、この仮面さえつけていれば、私が何よりも欲しくて欲しくてたまらない称賛がもらえるのだ。まさに酔いしれるほどのご褒美がもらえるとわかっていて、自らそれを辞退するはずがないではないか。仮面を取り払い演技を止めるということは、この私に、称賛を辞退しろということに他ならない。そんなもったいないことをしてたまるものか。今まで、苦労して虚栄と偽善と誇張を塗り固めてきた集大成が、今の私の姿なのだ。たとえ長女がその被害者になろうとも、仮面の下で本当の自分が楽になりたいともがいていたとしても……断じて止められない。

無意識のうちに私は、そう考えていたのではないかと思う。だからこそ仮面をつけて演技している感覚もなく、感覚のないものは取り払うとか払わないとか以前にどうすることもできない。本人に意識のないものを他人が気付くはずもなく、誰一人それを見破ることはできなかったというわけだ。

一方、現実的なところでは、長男を妊娠して臨月にもなると、もう腰が鉛のように重く、長引く痛みは既に軽く麻痺していたようだったが、相変わらず少しかがむだけで激痛が走り、大きなお腹も邪魔して、とにかく自力で足を持ち上げることもできないので、毎日お風呂上りに長女に下着をつけてもらっていた。

長女はまるでお母さんみたいにしゃがみ、小さな手で、「ハイ」と言って床上十センチくらいの高さのところで妊婦用の大きなパンツを広げてくれて、そこに私がゆっくりと片足ずつ入れるとそのままお腹まで持ち上げてくれるのだ。こうしてわが娘は、日頃、あれほど邪慳に扱われているにもかかわらず、ただただ健気に身重の母親を気遣い、全身全霊で助けてくれる。しかも近所の神社の前を通るときは必ず「お母さんの腰が早く良くなりますように」と手を合わせてくれていることも私は知っている。

それなのに私は、どうしても娘のために自分を変えることができない。こんな母親を持つわが子が不憫で仕方ない。そして、目の前にいる長女が世界一可哀想な少女に見えていたたまれず、布団の上で座っているその少女を思いっきり抱きしめて、

「ごめんね。お母さんいつも怒ってばっかりでごめんね。明日からなるべく怒らないようにするからね。お母さんのこと許してね」

と泣きながら謝罪する。そうすると、長女は決まって、「うん、いいよ」とまるで女神

様のように許してくれる。そして、夜は、その女神様と手をつないで寝る。しばらくその手を握りしめ、天井を眺めながら両目から涙がつたい落ちる。「どうして私は普通のお母さんになれないんだろう」と考えると胸が苦しくてたまらなくなる。それなのに、翌朝にはまた、「グズグズしない！　早くしなさい！」と怒鳴る私の声が部屋中に響いているのだ。

その後も、幼稚園から帰った長女は、豹変した母親に些細なことでいきなり怒鳴られ、手を出されては悲しみにくれる。が、夜になれば、手をつないで寝てくれる優しいお母さんになっている。しかしその翌朝はまたガミガミと……と、こんな毎日の繰り返しだ。

長女にとってみれば、これは完全に多重人格者と一緒に生活しているも同然だ。これでは、どれが本当の母親なのかもわからず、それを問う暇もなく、いつまた手が飛んでくるかもわからず、ビクビクするより他なかったのだ。

当時の長女の口癖はいつも、「お母さん怒らないでよ。怒らないでよ」だったが、その都度無視した。何か私に頼みたいことがあるときも、必ずその頼みごとをする前に「お母さん、駄目だよね？……駄目だよね？……」と言って、上目遣いで恐る恐るお伺いをたててくる。駄目モトでも、一パーセントくらいの期待をかすかに込めて確かめてくる長女のその心情は手に取るようによくわかるにもかかわらず、すかさず私は「うん、駄目。駄目に決まっているでしょ」と吐き捨てるように言う。駄目も何も、いったい彼女が何を頼みたかったのかさえも聞かず、わからないままそれにて終了だ。

他にも、不都合なことがあるたびに長女をその犯人にでっち上げた。最初のうちは長女も「違う、私じゃない。お願い信じて」とすがって来るが、「どうせあんたでしょ」と決めつけて聞く耳を持たない私に、もう何を言っても無駄だと観念し、

「じゃあ、もうそういうことにしといてくれていいよ。お母さんがそう思うなら、もう、それでいいよ」

と力なく呟いて、濡れ衣を着せられたまま自分の部屋に閉じこもる。まだ幼稚園児である幼子の中枢をことごとく狂わせ、心をズタズタに傷つけ、それでも当の本人は何の抵抗もしないものだからそれをいいことに、ますます付け上がる母親だった。

こんな毎日が続く長女は、心底母親の愛情に飢えていた。いつも長男や次女には優しく接しているのに、自分にだけは厳しい母親をどうしても振り向かせたくて、その母親にどうしても心配して欲しくて、ちょっと試してみたくなったのだろう。今も当時の情景が鮮

明に残っているのだが、長女が年長のときのことだ。

ふと部屋を覗くと、窓の外についている手すりにつかまって、窓から身を乗り出して下を眺めている長女がいた。自宅は四階なので、下に落ちたら命の保証はない。もちろん、本気で自殺する気などないことはわかっていたが、一応聞いてみた。

「何してんの？」

すると長女はこう言った。

「ここから落ちたら死ねるかな？　と思って……」

まだわずか六歳の娘に「今から自殺しようと思うんだけど……」と持ちかけられたら、普通の母親ならここで目の色を変えて「バカなことはやめなさい。本当に落ちて死んだらどうするの？」と慌てて、娘を背後から抱いて引っ張り降ろし、そのあと、力の限り抱きしめて、わが子をそこまで追い詰めさせたことを悔い心から謝る、というのが一般的なシナリオであろう。長女も自分の母親は、きっとそのシナリオ通り心配し、抱きしめてくれる展開になろうことを期待して、私が部屋を覗くまでずっと身を乗り出したまま待っていたようだ。

しかし、私は普通の母親ではない。そんな娘にかけた言葉はこうだった。

「え？　そんなに死にたいのなら、後ろから押して死ぬのを手伝ってあげようか？　遠慮しなくていいよ。手伝おうか？」

残念ながら、長女はここでも母親に自分の存在を認めてもらえず、心配もしてもらえず、惨敗に終わった。

当初、この団地に引っ越してきたとき、あれほど心機一転し育児の再生をしようと張り切っていたにもかかわらず、また同じ過ちを繰り返してしまった背景には、やはり以前と同じような条件が整ってしまったからだろう。

まず何といっても腰痛が第一の理由であったと思う。何年にも長引く痛みは、それだけでも十分なストレスを生み出してしまう。そのうえ、長男と次女はたったの一年三ヶ月しか離れていなかったので、双子とまでは言わないがそれに近い大変さがあり、一日中激痛の腰を抱えて二人の育児をするなど、とてもじゃないが一人では無理だった。

そこで私は、早くからしつけた長女に二人の授乳・オムツ交換・お風呂などを手伝わせ、その数年後、学校が振替休校の日は必ず二人の幼稚園の送迎もさせた。そこまでやらせてもなお、できて当たり前、できなければ罵声か暴力を強行する。いついかなるときも、まるで収容された捕虜のように、気分や感情など持つだけ無駄と言っても過言ではないくらいの極悪の環境の中で、長女は、恐怖に怯えながら健気に何年間も私の手となり足となり続けたのだ。しかし私はそんな長女に、五時の門限を一分でも過ぎれば問答無用で夕食抜きという罰まで与えていた。

長男を可愛がっていた夫は、引っ越しと同時に別会社に転職し、そのまま四ヶ月ほど都心へ研修生として派遣され、家を空けることになる。しかし、帰ってきてからも、早朝出勤と深夜残業を繰り返すこと十年。その間はほぼ毎日、子どもが寝てからの帰宅に子どもが目を覚ます前の出勤だったので、滅多に子どもと会うことがなく、数ヶ月に一度のたまの休みは死んだように爆睡していた。自分の体力温存のみに精一杯の夫は、自分が寝ているそばで騒ぐ子どもたちに「うるさい！　あっちに行け！」と怒鳴るだけの父親と化していった。

というわけで、私はやはりここでも母子家庭同然の孤独を味わっていた。週末はどこに行っても家族連ればかりで、

「どうしてうちはいつもお父さんがいないんだろう。なぜ、いついかなるときも、何があっても私一人で子ども三人を見なきゃいけないんだろう」

と何年間にもわたって秘かに泣いていた。

そして私を鬱にさせたトドメは、この団地に住む住人たちだった。

この団地は、老人用住宅とも兼用だったのでお年寄りが沢山いて、中には子ども好きな人もいたが、ほとんどの老人は基本的に子どもをうとましく感じるのか、子どもが団地の公園で遊んでいると、うるさそうに睨みつけてくるのだ。

確かに、長女だけは人前に出しても恥ずかしくない子に成長したが、下の子二人においては、腰痛の私にできることと言えばオムツ交換とミルクを飲ませることだけで精一杯で、年齢相応のしつけも何もあったものではなかった。そのため、自由奔放な野生児に成長してしまったのだ。特に長男はヤンチャで、補助輪付自転車で走りながら団地中をピンポンダッシュしたり、公園に植えてあるお花を片っ端から抜き取ったり、お菓子の紙くずをポイ捨てしたりと、ろくでもないことばかりする。それが原因で、団地の住人からしつけがなっていないと注意され、悪い子のレッテルまで貼られてしまった。長女のときには経験したことのない屈辱感を味わわされた私は、あろうことか今度は長男にまで手をあげだし、危うく長女の二の舞になるところだった。そうならないために、もう二度と団地の公園で子どもは遊ばせないと決心した。

団地の裏山を車で十五分ほど登れば、山の上にも大きな公園があったので、最終的にはそこに毎日のように通うことになるのだが、当初は、次女がまだ歩けなかったことと腰痛で動きまわるのが苦痛だったこともあり、つい家の中でこもるようになっていた。

そうなると、家中どこもかしこも終日おもちゃで溢れかえる。入居時は広く感じた家も、その後、子どもの成長と平行して、二段ベッドや電子ピアノや勉強机、さらには滑り台付きジャングルジムなどの大物にどんどん陣取られ、あっという間に狭くなり、大きめのおもちゃなど出そうものなら足の踏み場もなくなる。

そんな部屋とは言えない雑然とした住みかで朝から晩まで「お母さん、お母さん」を連発される。一人が一日十回「お母さん」と呼ぶとして毎日三十回。

「お母さん、お腹空いた」

「お母さん、血が出た」

「お母さん、オシッコもらした」

「お母さん、お姉ちゃんがね……」

「お母さん、お母さん、お母さん……」

という具合だ。腰痛でろくに外出もできず、かといって団地の敷地内でウロウロしていたらまた何を言われるか、たまったものではない。心無い住人の暴言にこれ以上傷つきたくなかった私は、外に出たがる長男を無理やりおもちゃとビデオで押し止めていた。

その頃既に、長女は小学生になっていたのでママ友交流もほぼなくなり、来客がなくなれば称賛欲しさの掃除をする必要もなくなり、掃除はしなくなった。そうして、絵に描いたような暮らしを夢見た新築の部屋が、あっという間に地獄の部屋へと化していったのであった。

その地獄の中で、結局、物わかりが良く、精神的に私よりもずっと大人で、私のどんな愚かな言動も全て吸収してくれる長女に思い切り依存し、日々のストレスを全てぶちまけていたというわけだ。

それから六年という長い間、相変わらずの腰痛は年がら年中、鬱は周期的に患うこととなった。また、夫の収入だけでは食べていくのが精一杯という生活。下の子二人を保育所に預けて働けるものなら働きたかったが、何の資格も学歴もない私が就くことができる事務職など皆無。ましてや肉体労働での就業など、腰痛持ちの私では面接にすらこぎつけない。それ以前に幼い下の子二人を保育所に預けられて、仮に就業できたとしても、子どもが発熱や怪我をするたびに保育所を欠席し、その都度仕事を休んでいたら即刻解雇されたであろうから、私の場合は身動きが取れなくて、物理的に仕事をするのが不可能だった。そのため、どんどん極貧状態にまで突入していった。母親だけでの育児、子ども三人、貧困、狭い部屋、外出不可、もうこれだけで虐待発生に十分すぎるほどの条件が揃ったことになる。

世間で報道される虐待事件の加害者になった親たちも、その背景にこうした条件が揃ってしまったのではなかろうか。

不況の煽りを受けてリストラや低賃金の生活苦を余儀なくされ、生活そのものを楽しめず、自分の置かれた環境に不満を持ち、ただでさえ日々苛立っているのに、そこに聞きわけのないモンスターのような子どもがいて、そのモンスターが言うことを聞かず、いつもうるさいとしたら……。

何一つ自分の思い通りにいかない余裕のない毎日の中で、日頃うるさいモンスターも所詮は弱者であり、結局はその弱者に日頃の何もかものストレスをぶつけてしまう、というのが、日常的に虐待が発生していた家庭内の構図ではないだろうか。

やはり、虐待とは大きな社会問題であり、加害者となってしまった母親や両親など一個人だけを取り上げてどうこう批判したところで、今後の虐待件数を軽減することには繋がらないのではないかと思う。誰もなりたくて加害者になるはずもなく、自身の過去に起因する何かしらの材料があり、さらに条件が揃ってしまったゆえの結果の事件なのだ。虐待件数の減少を図るなら、もっと別の角度からの取り組みが必要不可欠なのではないだろうか。

魔法のステッキ

私は、育児中『魔法のステッキ』をずっとずっと探し続けた。一振りすれば一瞬で楽になれるような、そんなステッキを。地獄から解放されたい一心で、この世のどこかに『魔法のステッキ』がありはしないかと……。

どうしても苦しさに耐えられず、癒しを求めて電話の受話器を握り、子育て相談窓口に電話をするも不完全燃焼に終わる。そしてまた考え込むと、だんだん息苦しくなり、深呼吸をしても、やはりすぐにまた苦しくなる。もう呼吸の仕方すらよくわからなくなって、気が付けば車に飛び乗ってハンドルを握り運転している。後部座席には、未就園児の次女も座っている。

向かう先は、日によって違うが、科は同じでいつも心療内科・神経内科・精神科のどれかである。この手のクリニックを転々とハシゴしたが、はっきり言って、期待したほどの効果は得られなかった。知的な優しい声で諭してくれるのは良いが、「今だけですよ。もう少しの辛抱ですよ」とか「そんなに張りつめないで、肩の力を落として」とか「それほど苦しいなら、いっそ宗教に没頭してはいかがですか？」というような返事しか返ってこなかった。

私は、井戸端会議をして愚痴を聞いてもらいたいのではなく、「死にたいくらい苦しいから助けてください！　今すぐ楽になりたいんです」と藁をもすがる思いで診察室に入って行くのに、診察後、「あ～、来て良かった」と満足できたことは一度もなかった。

勝手な憶測を言わせてもらえば、こういう立場に立っている人たちは、私生活で虐待した経験も虐待された経験も恐らくはないはずだ。ならば、それによって苦しんでいる親をどうやって救ってくれるというのだ。本当に虐待で苦しんでいる親を救えるとまではいかなくても、寄り添って気持ちを理解してあげられるのは、自らが同じ経験を持つ者あるいはそれを長期間ずっと日の当たりにしてきた人くらいではないだろうか。

少なくとも私が関わった人たちに限り言わせてもらえば、全くその経験のない人が何かを言っても真実味もなければ説得力もなく、実際、効果があったのは処方してくれた抗鬱剤だけで、先生方のカウンセリングはほとんど役に立たなかった。

確かに、救いの手を求めてもがいている私を一瞬楽にしてくれたものもあった。ミクちゃんママの存在を始め、書籍では橘由子さんの『アダルトチルドレン・マザー――「よい母」があぶない』『子どもに手を上げたくなるとき―子育てに悩むママたちへ』、横川和夫さんの『教育ルポ大切な忘れもの―自立への助走―』と同タイトルでの講演会、鳥山敏子先生の『賢治の学校』、保坂展人さんの『ちょっと待って！　早期教育』等々。

特に『アダルトチルドレン・マザー――「よい母」があぶない』は何度も読み返したが、そのたびに著者の苦悩が伝わってきて「苦しいのは私だけじゃないんだ、ここにもこうして苦しんでいる人がいるんだ」とわかっただけで随分楽になれたのも事実だ。

また、私の崇拝している山陽学園短期大学の村中由紀子先生の講演会も素晴らしい内容で、毎回涙と笑いで感銘を受けた。長女の通う小学校のスクールカウンセラーにも毎年数回お世話になった。ほんの一瞬ではあるが、それらに関わっているときだけは、苦痛が軽減された。

ここに挙げた書物以外にも、子育てや教育関係のジャンルで気になるタイトルの書物があれば、徹夜して片っ端から読みあさったし、それなりの講演会があると聞けば、どんなに遠くても速攻で会場に駆けつけた。まさに、何かに取り憑かれているのかと思うくらいの勢いで、がむしゃらに『魔法のステッキ』を探し続けた。

しかし、たとえ書物や講演会などで感動して涙も流し、その場ではスッキリしたとしても、やはり時間の経過と共にすぐにそんなことは忘れてしまい、いつもの自分に戻り、また子どもに手を出しては自虐する、の繰り返しだった。全ては一時しのぎで、根本からの解決には至らなかった。どこをどう探しても、残念ながら私にとっての『魔法のステッキ』はどこにもなかった。

最近になって、心理学の勉強を少し始めた。それで驚いたことは、ストレスを受けやすい特徴としてあげられている項目全てに自分が当てはまり、どうやら私はストレスを抱え込みやすい典型的なタイプだということがわかった。

時既に遅しだが、こうして自分のタイプがわかれば、「ではどうすればそのストレスを少しでも回避できるか?」と一歩前進することもできる。さらに、それができれば、鬱になる手前で改善される可能性も出てくる。という具合に、少しずつでも最悪の状態から脱出することができたのかもしれない。

そうして、自分の性格はどうなのか、何に強いのか？　言い換えれば鈍感にやり過ごせるのか？　何に弱く、敏感に反応してしまうのか？　それをある程度自分なりに認識しておけば、育児中にたとえ思い通りにいかなくてもそれを上手く乗り切り、突如カッとなった瞬間でも自分で自分にブレーキをかけることが、もしかしたら可能だったのかもしれない。

また、自分に『甘え』があるから虐待してしまう、と自虐していたが、『甘え』ではなく明らかに『精神的な病気』なんだと早くからわかっていれば、あれほど苦しまずにすんだのかもしれない。

だが、当時の私は、何も知らず何もわからないまま三児の母となり、誰の力も借りずひたすら育児に真剣勝負で挑んだ。狭くて澱んだ空間で、一人で三人の子どもと格闘し、まさに酸欠状態。私は、アップアップしながらそこで醜い母親を営んでいた。ずっと母親業のスイッチをオンにしたまま突っ走っていたが、もう心身共に限界だと悲鳴をあげては精神科を駆け回ったりもした。ほんの一時間でいいから母親業のスイッチをオフにしたかったのだ。一人きりの時間が欲しかったのだ。そしてその時間があればあるほど、心に余裕もできて、子どもを可愛がってあげることも可能だったはずだ。だがその頃は、一人の時間どころか下の子二人は乳幼児でまだまだ目が離せないのが現実だった。

しかし、このままでは、私自身が完全に潰れてしまう。私が潰れたら、親子共倒れだ。その結果、最悪のケースにもなりかねない。そうなってしまう前に何とかしなければ……。

そう気持ちが焦る一方で、行動がまったく付いていかなかった。

本当のことを言うと、一息つけるチャンスはあった。古くからの友人と電話で話していて、日々の育児に疲れ果ててもう限界だと訴えたときに、

「それなら子どもたち三人を一時間くらい私が見てあげるから、お茶でもしておいで」

とまで言ってもらえた。

しかし、一人だけならまだしもわが子三人を一度に預けるという行為は、やむを得ない理由があるならともかく、自分の時間欲しさのためだけにそれを他人にまる投げするなど、たとえ一時間でも、親として無責任な行為であることのように思え、どうしても「じゃあ、お願い」とは言えなかった。今まさに自分が欲していた援助なのに、意固地で人に頼るこ

とに慣れていない私は、結局ここでも仮面を取り払えなかった。

また、同級生からの手紙の返事に「育児が辛くて、時々抗鬱剤も服用している」と伝えると、その同級生はすぐさま電話をくれて、

「大丈夫？　びっくりしたわ。でも、薬は癖になるといけないから気をつけてね。私にできることなら何でも言ってね」

と本気で心配してくれた。

が、やはりそのときも明るい声で「ありがとう。大丈夫だよ」と笑ってすませ、相手が拍子抜けするくらい上手く演技をやり抜いてしまった。どれほどSOSを発信しようとしても、無意識に別の自分が勝手にそう反応してしまうのだから、打つ手がないのが現状だった。


ちょうどその頃、長女が小学一年生のときの担任の先生が良いことを教えてくれた。長女は、いわゆる『ゆとり教育』のモデル世代だったので、とにかく学校の先生方も褒めて褒めて褒めちぎれと言わんばかりの教育方針だった。とはいえ、担任の先生曰く、

「やはりわが子にはつい叱ってしまいますよね。そこで、私は自分の子どもをなるべく叱

らないようにするために、子どもが生意気なことを言ったり反抗したりするのを怒鳴りたくなったら……まずはその場から逃げます！　逃げて、いったん子どもを視界から外し、自分が冷静になったことを確認してから、また子どものそばまで行き、叱らずにさっきの態度について話し合います。そうすると、お互いに気持ちよく解決できますよ」

だそうだ。自分の感情をコントロールするためにその場から逃げる、という方法もあるのだという。『逃げる』と言うと聞こえが悪いが、いったん冷静になるための戦略と考えれば、これはいけるかもしれないと思った。

『魔法のステッキ』がこの世にはないとわかった以上、それなら仕方ないと諦めたところで私の苦しみが軽減されるわけもなく、どうにかして、『魔法のステッキ』に少しでも近いものを作るしかなかった。


それから半年ほど経った頃、あることに気付いた。長女がいつも見ているアニメ番組が始まると、三人全員がテレビの前にお行儀良く並んで集中して見ているではないか。初めは、長女だけが見ていたアニメ番組をいつからか長男も、そしてまだ一歳の次女までも、同じ場面で笑い同じ場面で騒いでいる。アニメ番組が終了するまで、三人ともテレビにかじり付きだ。ということは、この時間帯は私は必要ないのだ。

必要ないとわかったところで、幼い子どもたちだけを留守番させるなんて、そんな危険なこと、私にはできない。でも、少しの間なら大丈夫かも？　などと自問自答を繰り返し、さらにその数ヶ月後、意を決して試してみることにした。まずは、木曜日の七時から『ポケットモンスター』が始まると同時に、ガスの元栓を閉めたことを確認してから、「お母さん、お買い物に行ってくるからポケモン見ていてね。ポケモンが終わる頃には帰ってくるからね」と言って、玄関の鍵を外から閉め、初めて子どもを放置してみた。

さすがに初めての試みは、解放というよりは心配の方が先で、ダッシュで買い物をして速攻で帰宅したのだが、私の心配をよそに皆で仲良くポケモンを見てゲラゲラ笑っている。今度は『ドラえもん』の時間帯で放置したが、帰宅して同じ光景が目に入ってきた。その数日後も『ちびまる子ちゃん』で試してみたが同じ結果だった。なるほど、このときばかりは本当に母親はいらないんだなと確信した。

それからというもの、時々私は、アニメ番組に子守りをお願いして、自分一人の時間を確保することに成功した。最初『クレヨンしんちゃん』は教育上の理由で見てはいけない番組に指定していたが、しんちゃんは『ドラえもん』の次の番組なので、二つ続けて見させておけば、私は一時間もの自由な時間ができるわけで、これを利用しない手はなかった。心に多少の罪悪感と、子どもたちの視力低下の心配もあったが、もうそんなことはどうでも良くなり、自分の時間確保を優先した。

そのおかげで少しずつではあるが、体内に本来のエネルギーが蘇ってくるのを感じ取ることができた。ドライブ気分で車を運転し、近所のスーパーで買い物をして、時間が許せば帰り道に少しばかり遠回りしたりもした。この時間が私にとって何よりのリラックスタイムだった。家を出る前の自分と「ただいま」と笑顔で帰宅した自分とでは、まさに別人のように上機嫌で、そのままあと数時間後の就寝までこの状態を維持できるのだ。日替わりで放映されるアニメ番組にはどれほどお世話になったことか……本当にありがたかった。

こうして、まずは一瞬でも育児から解放され一人の時間帯を楽しみ、自分を楽にすることで心にゆとりが生まれることを実感した。つまり、『逃げる』ことに成功したのだ。

それ以外にも、「どうすれば自分が楽になれるか？」を考えて思いついたのが、「私も子どもになろう！　子どもになって三人の子どもたちと一緒に遊ぼう！」ということで、次女が歩けるようになったのをきっかけに、まずは外に出ることにした。持病の腰痛は確かに辛かったが、家で酸欠状態にアップアップ苦しむくらいなら、まだ痛みの方がマシというもので、時間は気にせず、できるだけ家にいる時間帯を減らし、とにかく外の新鮮な空気を吸う。そうして、なるべく人目に付く公園に行く。そうすれば、人目をはばかるから、いきなり豹変することは、ほぼなくなる。

今も、はっきりと記憶にあるが、夏も冬も外が真っ暗になっても誰もいなくなった公園で、母子四人で遊びまくっていた。では夕食は？　というと、幸い夫のご飯は夜十一時からの準備で十分間に合うので問題はなかった。そして子どもたちには、カップラーメンやお茶漬けを食べさせた。

こういう話は、あまり大きな声では言えないが、私がこれからも母親をやっていくためには、まずは自分を楽にしてあげることが必要不可欠だと思った。私は言わば、現在治療中の病人なのだ。病人が、子どもの栄養の心配よりも自分の心身の心配をして何が悪い！自慢じゃないが、長女が幼稚園に通うまでの主食はカップラーメンだった。長男は、お菓子とアイスクリームとファーストフードですくすく育ち、今では父親よりも背が高くなっている。

当時、しんどくて何もする気になれなかった私は、主婦業をほとんど放棄して、汚い部屋からひたすら現実逃避し、母子四人で外出しまくっていた。経済力があればそのまま外食三昧ができたのだが、そんな贅沢は言語道断。そのため、遊び疲れてくたくたになって帰宅した子どもたちに与えるのは、『ご飯』とは決して言えない『エサ』であった。わが子三人は、幼少時代に世間で言ういかにも栄養価が偏っていそうなジャンクフードと呼ばれるようなものを食べて成長したのだ。

何ともレベルの低い話ではあるが、実際、手間隙かけて一日三食、真面目に作ったところで、それを食べ残したりでもしようものなら、そこでまた私はイライラして「人がせっかくあんたたちのためを思って作ったのに、何で⁉」と怒鳴って手を出す。そうなるくらいなら、親子四人でテーブルを囲んで、「ラーメン美味しいね！」とニコニコ笑って食べる方がよほど有意義な時間というもの。私は、お湯を沸かして注げばいいだけで超楽チンだし、子どもたちは楽しそうに食べている。何より、笑顔で囲む食卓には決して虐待は発生しない。今ここで一番優先しなければいけないことは、栄養バランスではなく、母親の心のバランスなのだ。

もちろん、今現在、育児中のママたちにこれをおすすめする気は毛頭ないが、しかし、何と言っても母親が自分を見失っているから虐待が起きるわけで、そういう家庭の場合は普通ではなく、非常事態なのだ。確かに栄養バランスも大切だが、非常事態のときに食べる食料といえば、缶詰・乾パン・飴・チョコレート等のお菓子ではないか。ご飯を作る気力体力の欠如を明らかに何日も感じたら、その自分をしっかりと受け止めて、無理はしない。ひとまず、食料さえ与えておけば死だけは免れられるし、作り手となるこちらも、作るという労力と作らなければならないというストレスを回避できる。炊事や片付けの時間もゼロ。よって、楽できたがゆえにまたもやゆとりができる。まさに一石二鳥である。

そして、いつかママの心と時間に余裕ができたときに、いくらでも『美味しいママの手料理』を作ってあげればいいではないか。それとて、命を絶ってしまったあとでは、実現不可能なのだから。

もしかしたら、この手を抜いた食事を与えることも育児放棄に当てはまり、世間で言うネグレクトに値するのかもしれない。が、何としても避けなければならないのは、何の罪もない子どもの「死」と幼い時期の身体的精神的「傷《トラウマ》」であり、これこそが何より第一に優先すべきことである。それ以外のこと、たとえば少々衛生的に欠けた日常とか食べ物の栄養価とか毎日の生活リズムとか、そういったことは二の次で構わないと私は思う。要するに命に関わる内容かどうか、が重要なのだ。

たとえ数日お風呂に入らなくとも、同じ洋服を何日も着用したとしても、オムツ交換あるいは下着交換さえしていれば大事には至らない。食事においても、『ご飯』ではなく『エサ』で成長したわが子たちだが、これといった病気にかかることもなく、当時も現在も至って普通の体型であることから、何かしら食事をさせていれば、死にはしない。

ましてや、生活リズムなど私に言わせればどちらでもいいことで、もしも、この目の前にいる子がいつか海外と国内を行き来して過ごすことになったら、国内時間で守る早寝早起きなど何の意味もなく、いかに時差に順応できる体内時計を確立させるかの方が重要になってくる。また、昼夜問わずの職種など数限りなくあるのだし、将来、そういう職業に就くかもしれない可能性だってあるのだから、早寝早起きよりも、いつどんなときでもどこでも眠れる身体作りを強化しておいた方が、就職活動をする際、より選択肢が広がるというものだ。

というわけで、命に関わるほどの暴力と極端な暴言だけは避け、あとはオムツあるいは下着の交換、そしてパンでもお菓子でも何でもいいから何か食事をさせておく。これさえやっていれば当面は大丈夫だ。世間がどう言おうと育児書に何と書いてあろうと、そんなものは無視。第一、『これぞ成功する子育て法』なんてマニュアルは決してない。

当たり前だ、人間は十人十色で性格も感覚も一人ひとり違うのだから、どんな風に育てても、それぞれ違った人格を持って成長するのはごく自然のこと。一般的なマニュアルは参考程度の認識で十分なのに、真面目なママに限ってそういうものに翻弄され、潰れかけては鬱のトンネルの手前まで来てしまう。

しかし、しんどくて何もできないときは決して自分を責めず、まずは今まで頑張ってきた自分を労ってあげよう。誰も称賛してくれないのなら、自分で自分をしっかり褒めてあげよう。「この育児という果てしなき未知の仕事に奮闘し、子どもをここまで育て上げた私は大したものだ！」と。そうして、しばらくの間、充電期として母親業を休憩すればいいのだ。怠慢な母親と言われてもいいではないか。これとて、わが身とわが子の命を守るために今できる唯一の方法なのだから。

それでも、どうしても子どもが憎らしく思えたり、相変わらず子どもを傷つけたりしてしまうのであれば、もう、それは限界だと観念するしかない。もはや悩んでいる場合ではなく、自分を強がって見せたり、ごまかしたり、逃げたり、そんなことをしている時間はもうないのだ。自分にある程度の休息を与えてあげたにもかかわらず、いつまで経っても正常な判断ができず、何もやる気が起こらないとなれば、それは完全に不健康である証拠なのだ。そうなってしまったら、もう躊躇することなく第三者に助けを求めなければならない。

確かに私の場合、電話相談窓口も精神科でのカウンセリングでも求めていた結果は得られなかった。体験していない人間にわかるわけがないという思いも紛れもない本音だが、私個人の経験が全てではない。悲鳴に応えてくれる臨床心理士や精神科医も必ずいるはずだ。そういう場所に行くのに抵抗があるかもしれないが、もう恥ずかしがっている時間はない。少しでも楽になりたければ、できるだけ早めに受診することをおすすめする。

もちろん、一ヶ所だけではなく何ヶ所でも回って、自分が信頼できる心理士または医師に出会えるまで探すくらいのつもりでいて欲しい。もしも、経済的にクリニックをハシゴするのがきついようなら、フリーダイヤルで対応できる子育て相談窓口に電話をかけまくるという方法もある。あるいはインターネットで『オレンジリボン運動—子ども虐待防止』のHPを閲覧してもかなりの情報収集と相談ができそうだ。そして、『この人』と思える人に話を聞いてもらえるまで諦めないで探して、あなたのその苦悩を伝えて欲しい。

また、可能であればそのことを子どもにも伝えて欲しい。私は、暴力を繰り返しながらも比較的精神状態が安定しているときに長女に詫びるように伝えた。

「お母さんね、病気なの。すぐカッとなって怒鳴ったり、叩いたりしてしまうでしょ？どうしても、自分でそれを止められないの。ごめんね。でも、病気だから仕方がないの。だから、これから先もお母さんが怒鳴りだしたら、『ああ、また病気が始まったんだな』って思って、お母さんに何を言われても『病気だから仕方ない』って気にせず、相手にしないことよ。そして、その病気が始まったら、自分の部屋に逃げればいいからね」

小学校低学年だった長女に『お母さんは病気です』と包み隠さず告知し、「自分では感情コントロールができません。でもそれは、私のせいではありません。私に棲み付いた病気のせいなので私にはどうすることもできません。無力な私をお許しください」とお手上げすることで少し楽になれたような気がした。そのときの心境を振り返って分析してみると、そのように言葉にして相手に伝えるという行為をしたことで、今までさんざん『自分』というものを責めてきたが、責めるべきは『自分』ではなく『病気』なのだ、と正当な責任転嫁ができたからだと思う。

さらに、私は「現在ここは警戒区域です。いつ爆弾が落ちてくるかわかりません。身の危険を感じたら自分の部屋に避難してください」と警告をしたことで、「時々否応なしに爆弾を落とすけれど、本当はそんな私が落とす爆弾から、あなたを守ってあげたいのが本心なの」という母親としての優しさも同時に伝えられたような気もして、ほんの少しだけではあるが肩の荷が一瞬下りたような気がした。

当然のことながら、そのような爆弾を落とさないのが一番良いのだが、当時の私には警告することしかできなかった。

大切なのは、今自分は、メンタル的に非常に弱っているということを認め、素直に受け入れること。それができれば、次は世間体とか見栄などに縛られるのはもう止めにして、真っ先にSOSを発信して欲しい。恥も外聞もかなぐり捨ててワーワー泣きながらでも、みっともなくてもいいではないか。たったそれだけのことで今の苦しみから抜け出せる、自分とわが子を救ってあげられるのならたやすいことだ。そうして何もかも素の自分を出し切って、勇気を振り絞って「助けてください！」と心療内科なり子育て支援センターなりの専門機関に駆け込んで行って欲しい。

私の場合、カウンセリングはピンとこなかったが、処方してもらった抗鬱剤は随分効果的だったことから、必ずや得るものはあるはずだと思う。風邪をひいたら内科、怪我をしたら外科、それと同様で心の病気にかかったのだから、心療内科に行くのは当然の話だ。何も特別視する必要などなく、最近は企業や学校にもカウンセラーを置いて、普通にカウンセリングができる状態にあるのだから、あれこれ考えて足踏みするなどナンセンス以外の何物でもない。

通院した私の体験を言うと、想像以上に患者は多くて、順番待ちしている間に何気なく観察したが、どの人も私にはどこがどんな風に病んでいるのか全くわからなかった。見た目は、どの人も普通に見えた。若い男の子も女の子も中年のおじさんもおばさんもいた。また、ご主人と男の子と一緒に来ていた主婦もいた。このメンタル疾患という病気こそ年齢も性別も全く関係なく、どんな人でも患う可能性があるのだということだけは良くわかった。だから、胸を張って堂々と、「心の風邪をひきました。お薬ください」くらいの気持ちで是非足を運んで欲しい。

子育ては、経験しなければその大変さは計り知れないものである。子どもを産んだその日から完璧な母親になれるなら、世の中に虐待など起きるわけがない。

それは、車の運転と同じで、免許を取得したその日から誰でも完璧な運転ができるかと言えば、そんなはずがないから交通事故が起きるのだ。事故の場合は、誰にでも起こり得ることだと言われても納得してしまうが、育児の場合はそうはいかない。子どもに何かあれば、何でもかんでも親のせいにされがちだ。特に母親の育て方を評価されてしまう。元気な子でも病気がちでも、何かができてもできなくても、成績が良くても悪くても、性格が明るくても暗くても、子どもの一部始終が母親の育て方が良いからとか悪いからとかで片付けられてしまう。

しかし、そんなことはまずない。三人の子どもを育てた私が言うのだから、信用してもらいたい。三人とも得意なこと、性格、趣味、全て見事に違う。さらに、当時『自慢の娘』だった長女は、今では芸人キャラのズッコケ女子大生に変容し、ヤンチャな野生児だった長男は、引っ込み思案のオタク系男子に変わり果てた。よって、母親の育て方が全て子どもに反映するわけではないのだ。

それなのに、子どもの成長過程で特にマイナス部分においては、大いに母親の育て方に問題があるからだと吊し上げられる。こうした理不尽でその場限りの無責任な発言が、どれだけ母親を傷つけ苦しめているのかをどうか知って欲しい。言う側は何も考えずに言っているのだろうが、いきなり「こんな風になったのはお母さんのせいで、お母さんが悪い！」などと言われたら、ただでさえ自分の育児に悩んでいるママなら立ち直れないくらいのショックを受けるはずだ。そんな風に自分の育児を全面否定された母親は私に限らず無数にいる。そういった外部からの些細なことが原因で、真面目な母親ほど自分を責め、鬱になっていく場合もある。

ということは、虐待とは、決して母親だけの問題ではないということがわかってもらえるだろうか。母親を取り巻く全ての人たちにもその責任は十分にあるのだ。だから、周囲の人たちは、母親のいる場所を居心地のいい状態にしてあげて欲しい。「育児は疲れるものだけれど、それ以上に子どもから幸せをもらえるから頑張れる」と健全な母親ならこんな風に言えるはずだ。

理想の育児とは、母親がまず健全であること。そのためには、母親の周囲の大人たちが母親に健全でいられるような環境を与え続けること。そうすることによって、新米ママは子どもの成長と共に少しずつ成長し、頼れる母親になっていくものなのだ。

どうか、周囲の大人たちは、その様子を温かく見守ってあげて欲しいと心から願っている。その環境さえ整っていれば、『魔法のステッキ』など必要ないのだから。

ここで、一生忘れることができないほど腹立たしかった体験談を愚痴らせていただきたい。

次女が生後二ヶ月の頃に、子ども三人全員が風邪をひき、病院に行った。ベビーバスケットに次女を寝かせて抱え、長女に長男の手を引かせ、小児科にどうにかたどり着いた。

受付時に体温計を渡され検温するのだが、まずは座る場所を確保しようとぐるりと辺りを見渡すも、どの長椅子も一杯でどこにもそんなスペースはない。大して重症でもなさそうな小学生と母親の親子も何組かいるのだが、どの親子も我関せずで知らん顔をしている。こっちは、まだ生後二ヶ月の赤ちゃんがベビーバスケットの中でゲホゲホせき込んでいて、その重たいベビーバスケットをずっと抱えたままの私の横では、小学一年生の少女が、発熱と咳で真っ赤な顔した二歳の弟の手を握りしめてじっと突っ立っている。この様子を見ても誰も何も思わないのだろうか……。

誰一人席を譲ってくれそうな人はいないと観念した私は、受付窓口の真ん前の冷たい廊下に直接ベビーバスケットを置き、次女の脇に体温計を挟み、その腕を長女に押さえさせ、同時に自分も検温するよう指示する。そして長男は検温が大嫌いで暴れまくるので、私は廊下に直に座り込み、両足で長男が動けないように下半身を押さえ込み、右手で体温計を脇の下で固定し、左手で体温計を挟んだ腕を押さえつつ、上半身を固定して身動きできないようにするというプロレス技で三分間耐えてもらう。

廊下にペタンとお尻をつけ自分と妹の検温をしている少女と、プロレスごっこをして汗だくの母息子、さぞかし滑稽に映っているであろう。しかし、こんな光景を目の当たりにしても、それでも誰一人「どうぞ」と席を空けてくれる人はいなかった。それどころか看護師さんにまで「お母さん、ここ邪魔になるからもう少し隅っこに寄ってくれる？」と注意された。こんなことがあって良いのかと、世間の冷たさを実感した日だった。

小児科という医療機関のスタッフですらこんな対応で、同じ痛みを患ってやって来た親子も冷たい視線をくれるだけ。目の前の長椅子に座っている小学生は制服を着ている。ということは熱もなく、診察後学校に行くのは明らかだ。学校に行けるくらい元気な子なら、その子の母親は、十一月だというのに汗だくになって、皆が行き交う廊下に座り込んで子ども三人の検温と格闘している母親を見て、なぜ自分たちの席を、せめて子どもにだけでも譲ろうと思わないのか不思議でたまらない。『困ったときはお互いさま』という言葉はもはや死語なのか？

こういうことは恐らく、どこででも起こっているのが現状なのだろう。こんなご時世だから隣に住んでいる人がどこの誰だか知らなくても平気だし、知ろうとも思わない、とにかく関わるのが煩わしいのだろう。

だが、そういう人が子育てをしていくとどうなるのだろうか？　自分さえ良ければ、自分の家族さえ良ければそれで良い、という考え方になってしまわないだろうか？　子育てをしている者同士であればなおのこと、相手を追い詰めるようなことだけはしないようにすべきではないだろうか……。

愚痴はこれくらいにして、少し、私なりの革進に触れてみたいと思う。

何度も言うが、私は長女には間違いだらけの育児をしてしまった。しかし、もとをただせば、私の父の子育てから既に異常だった。

だが、父は今でも何一つそれが間違いだったとは思っていない。私自身も、今さら七十九歳の老人をつかまえて「あなたさえ、まともな子育てをしてくれていたら、私はここまで苦しまなくてすんだかもしれなかったのに……」と抗議する気はさらさらない。仮にそう訴えたとしても、死んでもそれを認めないのが私の父だ。もう、この人は改善の余地なしで言うだけ無駄なのだ。

その父からバトンを受けたように、私もその悪い例に見習って娘に暴力を振るったが、そのあとが父とは違った。父は、私に暴力を振るったあと、「ワシをここまで怒らせるお前が悪い。痛い目に遭いたくなければ黙ってワシの言う通りにしろ」という持論で、殴られて泣いている娘を目の当たりにしても、「ザマーミロ！　所詮、お前に勝ち目などない」と慢心に浸っていた。

この感覚だけは、今でも理解できない。わが子を殴りつけておごり高ぶるなど、もはや親の、いや人間の感覚ではあり得ない。それでも、父は自分の考えが断固として正しいと言い張るのだ。

こんな父を持つ娘として一つだけ言えるのは、この人と同じ人格でなくて本当に良かったということ。確かに、私もわずか四ヶ月の頃からずっと長女に手をあげたが、その手を振り上げた瞬間、「叩いては駄目だ！」という声が一瞬聞こえる。だが、やはり抑えきれずに感情にまかせて叩いてしまう。しかし、叩くたびに胸が締め付けられるように痛み、叩いた手もジンジンするが、それ以上に胸が苦しくて息がつまりそうになった。そして、そのあとはいつも自分を責め抜いた。

父と違った点は、「正しいことをして何が悪い」と言う父に対して、「私は最低の親だ。わが子も不憫でたまらない。こんな残酷な育児など今すぐにでも止めなければ。でも、わかってはいるけど、どうしても止められない。でも、どうにかしなければ……」

と自分をとことん責めて自滅していったことだ。

しかし、一つだけ進歩したことがある。私は、

「こんな暴力を行使しての子育てなど決してあってはならない。これは明らかに歪んだ子育てだ。父から暴力ＯＫのバトンをもらったが、そんな忌まわしいバトンは即刻捨てて、こんなリレーは私で終わりにしなければならない」

ということに気付いたのだ。実際は気付いただけで、それを断ち切ることはできなかったが、将来、長女が育児をする際には、きっぱりと決別しているはずだ。いや、それは他ならぬ私の責任でもあるのだから、何が何でも暴力ありきの図式とだけは決別させる覚悟で育児に協力するつもりだ。

最終的には、ほんの一歩の前進ではあるが、よくぞそこに気付いたなと少しだけ自分に

小さなマルをあげたい。一世代では解決しない問題も次の世代で間違いに気付き、その次の世代でそれを修正し、と次世代へ進むにつれ一歩ずつ改善されればそれで良いではないか。何にせよ、大掛かりな改革にはそれなりの長い年月が必要なのだ。わが子にとっては最悪の母親だっただけに、「間違い」に気付き、修正へのナビゲーター役になれたことだけは、長いスパンで見た場合、未来のわが子孫のために少しは役に立てたような気がする。

そして、落第ママの私だが、自分の経験で「これは、やって良かった」とおすすめできるものが二つある。

一つ目は、手紙を書くことだ。普段は、顔を見るとつい怒鳴ったり、手を出したりするのが習慣化されている母子の場合、なかなか面と向かってわが子を褒めたり、改めて日々の自分の言動を謝ったりするのは、非常に勇気がいるというか、照れが邪魔して上手く伝えられない。そんなもどかしい心境や、本当は母親としてもっともっと可愛がってあげたいと思っている心の奥底にある正直な言葉を、文字で伝えるのだ。

それも、年に一度だけ。そう、わが子の誕生日に手紙を書いて渡してあげる。一年三六五日という長い間のたった一回なら、それくらいなら誰にだってできるであろう。こんな私ができたのだから誰にだってできるはずだ。

内容は何だっていいのだ。もし、書きたいことはあっても書く気にならなければ、ただ一言『お誕生日おめでとう』だけでもいいし、もっと書けそうなら、日頃気恥ずかしくて言えないような、いろいろなことを素直に文字にしてみる。あとはそれを黙って子どもの机の上に置いておくだけで良い。

これは、はっきり言ってすごい効力があり、間違いなく子どもは大喜びする。そして、一年に一回の手紙が二回三回になればもっと良いし、できることなら入学とか進級とか受験とかの節目節目に渡してあげるのも粋な計らいというもの。それを受け取る子どもは、普段はどうあれ自分の誕生日をちゃんと覚えていてくれて手紙までくれたという事実や、自分の門出に一言くれたという親心を一生忘れはしない。その手紙は恐らくその子にとって宝物になるはずだ。

一方渡す側の母親も、少しは親らしいことができたという理由で自分を褒めてあげることができる。少し気恥ずかしさもあるのだけれど、それ以上の充実感に満たされるのだ。

子どもの誕生日に、何か品物を買い与える行為は、お金さえあれば誰にでもできること で、おじいちゃん、おばあちゃんでも単なる知り合いにでもたやすくできることだ。しかし、毎年の誕生日に欠かさず文字で心を伝えることこそ、親だからできることではないだろうか。

私は、親らしいことは何もしてあげられなかったが、子どもが小学生の頃からこれを実践し始めて、今でも三人の子どもに手紙を出し続けている。

その結果、長女においては、毎年私の誕生日と母の日には欠かさずプレゼントと手紙をくれる娘に育ってくれた。長男は未だにプレゼントも手紙もくれたことはなく、誕生日には「おめでとう」の一言、母の日には「何かして欲しいことはある?」と聞いてくる程度。次女はそのときの気分でプレゼントや手紙をくれたり忘れていたり、と適当な対応だ。しかし、三人とも私が渡した手紙はどれ一つ捨てることなく全て保管してくれていることを私は知っている。母親から渡すわが子への手紙の存在は、今までさんざん酷いことをしてきたとしても、それを全て帳消しにしてくれるくらいの威力があるのではないか、と思うほどだ。是非、手紙を通して年に一度の子どもへの懺悔をすることをおすすめする。

もちろん、書くのが面倒なら便箋に直筆でなくても構わない。字が汚い私は、全てワードで印字したA4サイズのコピー用紙である。大切なことは、年に一度のわが子の誕生日を覚えていて、その日だけは「特別な日」として考えている、という気持ちがあることをきちんと見せることだと思う。

二つ目は、交換日記だ。小学二年生あたりから長女に触れることさえできなくなってしまい、そんな自分を責めつつ、でもどうにかして「本当は長女が理想とする母になりたい」「でもなれない」というせめぎ合いに苦しむ中で、苦肉の策で思いついたものだった。交換日記なら、子どもの顔を見ずに書けるので、日記の世界でなら「わが子を大切に想う優しい母親」になれた。

とはいえ、なかなか時間が取れず、たった一冊の日記帳に二年間という歳月をかけてしまったが、それでも、私たち母子を繋ぐ唯一の貴重な交換日記が、当時の長女のビタミン剤であったと確信している。

自分の子育てを振り返り、つくづく今言えることとは、昨日のわが子は今日にはもういない。今日のわが子は明日にはもういない。明日のわが子は明後日にはもういない。だからこそ、今日しか会えない今日のわが子との時間を大切にして欲しい。いずれは自分の元を巣立つわが子なのだから。

この日を待っていた

長女が通っていた幼稚園のある講演会で、誰だったかは忘れたが、そのときの講師の話で非常に記憶に残っている言葉がある。

「いつもの『親勝ち子負け』を、たまにでいいから『子勝ち親負け』にしてください」と言うのだ。

「普段の生活は、『片付けなさい。テレビを消しなさい。好き嫌いせず食べなさい。早く寝なさい』と母親が子どもを叱ってばかりで、いつも親が子どもに勝ち、子どもは親に負けてばかりいる。それじゃあ子どもがあまりに可哀想ではないですか、せめて十回に一回でもいいからどんなことでもいいから子どもに勝たせてあげてください。たまにでいいから、子どもが親に勝ったという満足感を味わわせてあげてください」と言うものだった。

確かに私も同感である。わが母子について言えば、その『子勝ち親負け』とやらは一度もないではないか。「長女にどうやってそのチャンスを与えればいいのか？」と考えたが、その後、何年経ってもそのチャンスを私がプレゼンテーションすることはなかった。

しかし、心の底では、

「お願い、早く私を追い越して。私が何も言えなくなるくらい、私より上に競り上がって、早く私を見下ろして。親という存在にあぐらをかいて暴言を吐く私を早く黙らせて欲しい」と願っていた。そんな日が来てくれれば、もう私はこの子に暴力を振るうこともなくなる。そうなると、もう醜い自分に苦しむ必要もなくなり、長かった苦悩から解放されるのだ。こんなに嬉しいことはないではないか。今すぐにでも『子勝ち親負け』の日が来て欲しい、と立場の逆転を待ち望んでいた。

月日は流れ、長女は中学校に入学した。

それまでさんざん母親の病的な言動に振り回されていた少女も、だんだんと母親と距離を置くようになると同時に、『うちのお母さんは少し変な人』と気付き始めた。そんな母親の機嫌さえ損なわなければ、何とか自分に火の粉が降りかかってくることもないであろう、「ブチキレのスイッチさえオンにしなければいいのだ」ということまで認識できたらしく、そうとわかれば、さわらぬ神に何とかで、家でも食事以外はほとんど自分の部屋で過ごし、徐々に顔を合わせる回数も減っていった。

そのうえ、二年生からは塾通いで忙しくなり、ますます接触する時間が激減し、いつの間にかすっかり自立していた。学校での出来事も友達関係もほとんど家では話さず、悩みの相談相手は友達か担任の先生で、よくメールでやり取りをしていたようだ。私もこの時期は、長男と次女の宿題、連絡帳、翌日の授業の準備の確認などに手を取られ、長女への歪んだ執着心も少しずつ薄れ出していた。

当時の長女の成績は、可もなく不可もなくといった中程度で、その範囲内で上下していた。しかし、世間では中レベルだとしても、私たち夫婦からすれば、もうそれは十分に『降参』である。夫も私も勉強が大嫌いで、成績も底辺を這うようなものだった。この時点で、私は長女に学力で追い越されたわけで、ほとんど口出しもできなくなりつつあった。

また、学力のみならずピアノも同様で、長女が十年間続けた持続力といいその技術といい、高校時代に三年間だけエレクトーンをかじった私とは雲泥の差だった。これに関しては、本当にピアノの先生には感謝せずにはいられない。習い始めたときから、ずっと目をかけてくれ可愛がってもらった。レッスン以外でも自宅に招いてくださり、一緒にクッキーやドーナツを作りながら楽しい時間を過ごし、親には内緒の話やため込んだ愚痴をさんざん聞いてもらった長女。実の母親である私が可愛がってあげられないと嘆き不憫に思っているその少女を、赤の他人であるピアノの先生が「良い子ですよ。もう、何も言うことはないです」と言って可愛がってくれるのだ。親ですらできないことを他人であるピアノの先生がいとも簡単にやってしまうという現実。先生からお誘いがかかり大喜びして出かけていく長女を見て、何度嬉し泣きしたことか……。本当にありがたくて、まさに私たち親子の救世主のような存在だった。そのピアノの先生は今でも定期的にわが子三人を自宅に招待してくださっている。

このように、実母が与えてあげられない『幸せな時間』をわが子に提供してくれる人が、もし身近にいるのであれば、片意地を張らずに、素直に頼っていくべきだと思う。なぜなら、子どもにとっての『幸せな時間』は親にとっても『幸せな時間』だからだ。

そして、『子勝ち親負け』のチャンスを自らの手でつかみ取り、それを不動のものにした瞬間が、長女が志望の高校に合格したときだった。

夫婦共々、低レベルの高校を出て、進学もせずそのまま就職。夫は、地元の鉄工所で『きつい・汚い・危険』といういわゆる3Kに身を投じて働いた。一方私は、アルバイト感覚で地元の飲食店で一年ほど働いたのち、婦人服店で売り子をした。夫婦の共通点は、教養なし、学歴なし、資格なし、という情けなさ。そんな夫婦の娘が合格した高校は、確かに県内全体から見れば中レベルではあるが、それでも生徒全員の大学進学をモットーとしている進学校で、先生方の進路指導体制は恐らく県内のどこの学校よりも熱い、と言っても過言ではないほどだ。

長女は、決して成績優秀ではなかったが、受験生の一年間は涙ぐましいほどの努力でもって、見事にこの学校に合格してくれたのだ。ろくに勉強しなかった結果、ずっと苦労の絶えない生活を強いられてきた私たちにとっても、こんなに嬉しいことはなかった。もちろんこの日を境に、完全に親子の立場が逆転したのは言うまでもない。ようやく来たのだ。私は、何よりもこの日を待ち望んでいた。

入学式でもらってきた校章を握りしめ、私は嬉し泣きした。学生時代の私のレベルでは、雲の上の世界に値する校章。それを長女は勝ち取って来てくれた。たかが中レベルの校章でそこまで興奮しなくても、と言われそうだが、私たち夫婦にとっては、二人にできなかった偉業をよくぞ成し遂げてくれた、と長女を誇りに思えた瞬間だった。

やがて時間と共に、私をあれほど苦しませた苦悩が、いつの間にか体内から消えていることに気付かされた。やっと、楽になれたのだ。長い長い苦しみから、やっと解放されたのだ。


高校に入学してからも、長女は国立大学進学を目標に掲げ、ずっと塾に通い、高校三年生になると、私には考えられないほど、寝る間も惜しんでの勉強を続けた。その結果、一浪したものの、志望した国立大学には手が届かなかったが、自分の将来の夢に最短コースで近づけるという理由で、私立ではあるが、自分で探し自分で決めた県外の大学に入学した。

そして長女のその将来の夢とは、あろうことか保育士、あるいは幼稚園教諭、あるいは小学校教諭になることだと言うではないか。自分が過去に一番辛い思いをした幼児期・学童期、その時期の子どもたちと関わり、指導者になりたいと言うのだ。

かつて私も高校時代に保育士を目指していたが、まともに受験勉強もせず、保育専門学校を受験するも当然不合格し、夢を断念したのだった。もっとも保育士になれたところで、感情むき出しの病的な先生と非難されて、即刻クビになっていたであろうことは容易に想像できる。こんな母を軽々と飛び越えて、現在、長女は、保育士、幼稚園教諭、小学校教諭のトリプル免許取得のため、ゼミと実習に日々奮闘している。

そんな長女から夏休み前に電話がかかってきた。大学四年生になり、自身が通っている大学の附属小学校の教育実習が始まったことは以前から知らされていた。期間は一ヶ月間で、二週目が終わりそろそろ疲れもピークを迎える頃だろうなと案じている、ちょうどそのときだった。

「あ、お母さん？　私、毎日もう楽しくて仕方がないよ。今ね、四年生を担当しているんだけど、毎日毎日が、新しい発見や驚きの連続で、こんなに楽しめるなんて思ってもみなかった。でもね、やっぱりこの仕事に就くには、子どもが好きじゃないと絶対できないって思った。そりゃ四年生にもなれば驚くほど賢い子もいれば、精神年齢の低いヤンチャな子もいるけど、でも、賢い子もヤンチャな子もどっちのタイプの子も可愛いんだよね。やっぱり私って、子どもが好きなんだな〜って改めて思ったよ」

と、明るい声で興奮気味に話してくれた。私の心配など、どこ吹く風だ。

あの当時、こんな日が来るなんて思ってもみなかった。実の母親から、一番甘えたい時期に甘えさせてもらえず、暴力、暴言、無視を繰り返し味わったあの少女は、間違いなく愛情に飢えていたはずだ。

しかし、その飢えをどんな方法でどのように自分なりに処理したのかは私にも謎のままだが、かつて愛情に飢えていたはずの長女は、今こうして自分の目の前にいる子どもたちと時間を共有し、またそれが楽しくて仕方ないと言う。私は子どもが好きだからこれができると言う。「自分自身は幼少期・児童期、あんなに酷い目に遭ったにもかかわらずなぜ?」と今でも私は信じられない。

でも、もし、あのとき、私がこの娘を殺めていたらこんな現実もなかったわけだ。本当に、将来どうなるかなんて、先のことなど誰にもわからないということだ。

ここで改めて言えることは、子どもには本当に無限の可能性があり、それは、全ての子どもに与えられているもので、どの子も成長と共に自分だけのオリジナルの花を開花させていくのだ。その過程で、少しばかり横道にそれたとしても、時に空回りや遠回りをしたとしても、多少出遅れたとしても、生きてさえいればどんな風にでも軌道修正できるし、夢を持ち、それを叶えることだってできる。

だから、何をおいても親がしなければならないことは、何があっても、その可能性を阻止しないこと。どんなことがあっても、その命を奪わないこと。それだけだ。私が声を嗄らしてでも訴えたいことは、それに尽きる。それさえ守れば、うちもそうであったように、あとは子どもの生命力でもって何とかなるというものだ。

今、目の前のわが子が、将来どのように自分の生きる道を切り開き、どんな職業に就き、どういう人生を送るのだろうか、という、そう遠くはない未来をほんの少しでいいから想像してもらえないだろうか？　今はこんなに手こずらされて、まるでストレスの象徴みたいな存在のこのわが子が、もしかしたら考えられもしないような偉業を達成してくれるかもしれない。もしかしたらグローバルに羽ばたいて、外資系でバリバリ活躍しているかもしれない。もしかしたら死にもの狂いで勉強して人の命を救う仕事に就いて、皆から感謝されているかもしれない。世のため人のために尽くし国民的ヒーローになっているかも。いや、ヒーローにならなくても、誰かの役に立ちたいと日々頑張っているような正義感の強い誰にも真似できないような貴重な人物になっているかもしれない。心の清らかさゆえに皆から好かれ信頼され、どこに行ってもなくてはならない存在になっているかもしれない。

そういったありとあらゆる将来の姿を思い浮かべ、そこから逆算してあと数年、長くてもあと十数年。もう少しだけわが子の将来と自分の未来のために、今一度踏ん張ってもらえないだろうか？　そうして、五年後十年後十五年後に今を振り返ったとき、必ずや実感できることがある。

「本当にわが子を殺めなくて良かった。この子の可能性を奪わなくて良かった」と、心の底から安堵するはずだ。ギリギリのところで思いとどまり、わずかに残された母親力を振り絞って持ちこたえた自分にも、「よくここまで頑張ったね」と自分を称賛できるはずだ。


こうして執筆しているまさに今、長女から電話がかかってきた。

「あ、お母さん、合格したよ！」

夏休み中に受けたものの「今回は駄目だ」と諦めていたはずの教員採用試験に合格したという知らせだった。

「え？　本当？　おめでとう！　良かったね。ほら、高校のときにお世話になった進路指導の先生に一番に報告しなきゃ」

「うん、するよ。するけど……まずは、お母さんに報告したよ。一番に！」

どうやらいくつになっても「お母さんが一番」らしい。これぞ、母親にしか味わえない「母親冥利に尽きる」というものだ。それにしても、あの正常に機能しなかった十二年間の母子関係が悔やまれてならない。いや、しかしあの十二年間があったからこそ、今を感謝できるのだろう。私にとって必要な十二年間だったのかもしれない。


これで、長女は春から小学校教諭として公立の小学校に赴任することが確約された。

教師の仕事は、何より子どものことを最優先し、子どものために尽力することが大前提ではあるが、だからといって子どもとだけ関わっていれば良いというものでもないし、子どもたちにだけ人気があっても、それだけでは解決できないことが沢山出てくるはずだ。

実際、学童期は、『子どもが大好き』だけではやってはいけず、また、ある程度自立した思春期に比べればまだ子どもという観点から、保護者との深い交流も避けては通れない。生徒一人ひとりの性格・身体的特徴はもちろんのこと、家族構成や家庭環境の把握、事情によっては、母親との頻繁な情報交換も必要不可欠である。

その際、もしも子育てに悩んでいたり、ＳＯＳを発信していたりする母親がいたとしたら、即座にそれに気付き、

「大丈夫ですか？　お母さん、苦しんでいませんか？　私に何かできることはありませんか？」

と、まずは優しく声をかけ、母親の苦しみに寄り添い、少しでも救いの手を差し伸べられるような先生になって欲しいと、身勝手な私は自分のした過去を棚に上げ、さらなる期待を抱いている。

エピローグ

わが家では、愛犬を飼っている。超小型犬なので室内で一緒に生活しているのだが、早いもので既に八年が経った。

この愛犬がうちに来たときは、まだ生後四十八日目だったので、餌はドッグフードをふやかしてお粥のような状態にしてから与えなければならなかった。しかも、ケージ代わりのダンボール箱の中で、毎朝自分の排泄物で足の裏はもちろん全身が汚れていて、ご丁寧にもダンボール箱から脱出して汚い足跡を部屋中にペタペタとスタンプしてくれていた。

ペットショップの店員さんからはシャンプーは週に一度と言われていたが、汚れが酷いので毎日シャンプーして、部屋中のスタンプを掃除するのが私の仕事となった。本当は、私は犬があまり好きではなく、飼うのも今回が初めてなので、どう接して良いのかよくわからなかった。可愛いのは確かだが、相手は仔犬なので何もかも手がかかる。おまけに、吠えまくるし噛み付いたりもするし、こちらの指示には全く従わず、抱っこしようとしても逃げまくり、たかが仔犬一匹に振り回されてばかりいて一日の予定が狂いっぱなしだった。

日を追うごとにだんだんと苛立ってきて、とうとう私は犬にまでも手をあげだした。やっと子育てがひと段落したと思ったら今度は犬の赤ちゃんに腹を立て、ことあるごとに頭をペシペシ叩いていた。自分をかばうわけではないが、毎朝五時に吠えまくる仔犬に起こされて下の階に降りて行き、汚物にまみれた仔犬をいったんベランダに出し、部屋中の汚物のスタンプを掃除する。それから子どもたちを起こし、朝ご飯を用意して、食べさせ登校させてから、汚れた仔犬のシャンプーをして乾かし、洗濯機を回している間に散歩に行き、という早朝からの大仕事に自分で自分が可哀想にさえ思う。子どもたちのために飼い始めた仔犬なのに、結局は餌やりも散歩もシャンプーもほぼ私の仕事だ、こんなことなら犬なんか飼うんじゃなかった、しかもこんなに飼い主の言うことを聞かないバカ犬なんて、と後悔し始めた。

そうなったら、またあのときと同じで私の思い通りにいかない仔犬が憎たらしくなって、本気で飼犬に敵意を燃やし、時には生後四ヶ月の仔犬の頭をスリッパでバシバシ殴ったりもした。やはり、私は子どもだろうが可愛い仔犬だろうが、自分が気に入らなければこうして暴力でかたをつけようとする。気長く付き合うということができない。このままだと犬叩きがエスカレートして動物虐待に発展してしまうのは時間の問題だ。もう、こりごりのはずなのに……。

ここでも条件は子育てと共通していて、飼犬の面倒をほとんど私一人で見ているという現実。さすがに自虐にまでは至らないが、家事、仕事、犬の世話と多忙な毎日に相当なストレスを抱え込んでいることは間違いなかった。

そんなある日のことだった。普段はハーネスを付けているのだが、まだ仔犬ということもあり、きっとハーネスのサイズが大きくて緩いのだろう、じゃれたり走り回ったりしているうちに、ハーネスの首の輪の方に片足も一緒に入ってしまったようだった。しょっちゅうそんな状態になり、歩きにくそうにしているのを直してやるのも私の仕事なのだが、忙しいときや疲れていてそんなことをしてやれる余裕がないときは、そのまま放置していた。

その日も、ハーネスに片足を突っ込んで変な歩き方をしていたのに気付いてはいたが、またあとで直せばいいやと思いそのままにしていたはずなのに、次に仔犬を見た瞬間、感動で胸が熱くなり涙まで流れてしまった。誰かが、ハーネスを直してくれていたのだ。私が知らないところで誰かがこの仔犬のことを想い世話をしてくれていたのだ。

自分の見ていないところで、頼んだわけでもないのに誰かが自主的に手伝ってくれたという事実が、たまらなく嬉しかった。この仔犬の面倒を見ているのは決して私一人じゃないと確信できれば、自然に心に余裕もできてくる。

私が望んでいたのはこういうことなのだ。子育ても犬を飼うことも、誰か一人が圧倒的に負担を抱えるのではなくて、皆で協力し合ってそれぞれが少しずつでもできることをやっていけば、『孤独』という文字はそこには存在しない。

そうして、ごく自然な流れで、気が付けば散歩は家族の手が空いている誰かが行き、トイレのシーツも気付いた誰かが後始末をするようになっていった。それだけでも随分私の仕事は軽減され、ストレスからも解放された。そうなるとメンタル面も良好で、ますますこの仔犬を可愛いがってやりたくなるのが人間の心理というもの。さらに、仔犬はあっという間に成犬になり、トイレもバッチリで多少の聞きわけだってできるようになった。

そして八年経った今も、この犬が可愛くて仕方ない。私がそう思えるのも家族みんなでこの犬に関わっている証拠だと断言できる。

犬を飼うことに限らず、目の前に何かしら一つの課題が立ちはだかったとき、その場にいる皆が仕事を分担しながら一緒に向き合うことで、それぞれが健康な精神状態で関わることができるのではないかとしみじみ思う。

あとがき

私は、この本を育児中のママたちに読んでもらいたくて書いた。だが、育児は何と言っても決して一人でできるものではなく、周りの人たちの協力がなくてはならない。そういう意味では、パパにもその家族や地域、その周りの人たちにも一人でも多くの人に読んでもらい、一人でも多くの人に、母親へのサポートがいかに重要かを理解してもらい、間接的にでも構わないから、大いに子育てに関わってもらえることを心から願っている。

ただし、育児に関わるときの絶対条件として、母親の意見をしっかりと聞いたうえでお互いに折り合いを付け、きちんと教育方針を設定すること。良かれと思って育児に関わったつもりでも、それが実はちっとも良くない結果を生み出すことだってある。子育ては決して自己満足でするものではないということも念を押しておきたい。本当に子どもの将来のためを思うのなら、自分がしたいようにするのではなくて、その子にとって今本当に必要なことは何か？　また、育児中の母親にとって今一番必要なことは何か？　を見据え、そのお手伝いをしてもらえたら、こんなに嬉しいことはない。

私は、まだまだこの国に期待したいと思っている。今のままだと少子化は加速する一方だが、無理もない。やはり子どもを産めば母親が圧倒的にその負担を担うことは火を見るよりも明らかで、共働きだとことさら事態は深刻化しそうだ。そうとわかっていて、二人三人四人と子どもを産んで育てようと考える女性はそうそういないであろう。

そのためには、まず母親が『周りの誰かが必ず助けてくれるから大丈夫』と安心して子どもを産めるように、国や地域あるいは自治体等のバックアップ体制の確立を願ってやまない。これ以上、生きるはずの命が絶たれたり、育むはずの心が傷つけられたり、成長するはずの身体が悲鳴をあげたりしなければならない悲惨な事件が起きないことを心から祈るとともに、どの母親も健康な心身で育児を楽しむことができるように、駆け込み寺のような存在としてあらゆる場所にサポーター機関の配置が実現する日が来ることを心の底から期待している。


私の子育ては、完全に大失敗で終わった。その被害に遭った三人の子どもたちには本当に申し訳なく思っている。それでも、こんな母親失格の私が本を出版することを、子どもたちは「頑張ってね！」と激励してくれた。
特に長女は、一度は諦めかけた私に「本当に出版したい気持ちがあるなら、どんな障害があろうと自分の意志を貫き通すはずでしょ」と活まで入れてくれた。彼女の一声が私の背中を押し、ここまでに至ったことに心から感謝している。本当にどうもありがとう。

最後に、これを言わずしてペンを置くわけにはいきません。この私の発信メッセージに目を留めて「広く世に問うてみたい」とお声をかけてくださり、長い時間をかけて気長く丁寧にアドバイスをしてくださった文芸社の石田泰之さん。この一言が私の心に火をつけ、刊行が実現されました。また、右も左も分からない私を全力でサポートしてくださった編集部の秦順子さん。お二人には、心の底から感謝の気持ちでいっぱいです。本当にどうもありがとうございました。

今日もわが子の命を守ってあげたステキなママへ

育児に正解や不正解はありません。決して一つの答えでひとくくりにできるものではないからです。だからこそ、迷ったり悩んだりするのです。

そして、本当にどうしていいかわからないとき、そんなときは、焦らずに自分を信じ、自信を持って、今、自分ができる育児をしてください。

世界中のどこを探しても、子どもにとっての母親はあなただけです。それだけは忘れないでください。


落第ママからのありったけの愛とハグを込めて……

著者プロフィール

みき ゆき

1963年生まれ
三人の子を持つ母
四国在住
メンタルケアカウンセラー
准ケアストレスカウンセラー

仮面の下のS.O.S あなた苦しくないですか？

2013年4月15日　初版第1刷発行

著　者　みき ゆき
発行者　瓜谷 綱延
発行所　株式会社文芸社
〒160-0022　東京都新宿区新宿1－10－1
電話　03-5369-3060（編集）
03-5369-2299（販売）

印刷所　株式会社エーヴィスシステムズ

ISBN978-4-286-13550-2